«No te dejes engañar por el tamaño de este libro: es como un trozo denso y delicioso de sabiduría sobre liderazgo que no quieres que se acabe nunca. Revelador, desafiante y alentador, este libro puede ser pequeño, pero tiene un impacto enorme.»

Steve McKee, columnista de *BusinessWeek.com* y autor de *When Growth Stalls*

«Si no te consideras una persona con dotes de liderazgo, piénsalo otra vez. Les McKeown te muestra cómo llegar a ser un gran líder. Una lectura imprescindible para quien dirija —o aspire a dirigir— una empresa, un equipo o un grupo.»

JJ Ramberg, presentadora del programa *Your Business* de MSNBC

«El nuevo libro de Les McKeown, *Lidera*, ofrece una mirada verdaderamente renovadora sobre lo que significa liderar de verdad. No se trata de gestas ni de titulares, sino de obtener resultados reales, aquí y ahora. Breve, directo y absolutamente imperdible.»

Rita Gunther McGrath, profesora y autora de *The End of Competitive Advantage*

«*Lidera* es un libro estimulante, de esos que se leen de un tirón, y que te ayudará a poner en forma tu liderazgo.»

Michael Port & Associates, autores de *Book Yourself Solid*

«Si alguna vez te has preocupado porque tus gestos cotidianos de liderazgo no parecen compararse con enfundarse el traje de un superhéroe y salir a salvar el mundo, puedes relajarte. En este libro, tan divertido como práctico, Les McKeown explica lo que realmente significa liderar.»

Michael Bungay Stanier, autor de *Do More Great Work*

«¿Quieres ser un mejor líder? *Lidera* te muestra el camino para empezar, aquí y ahora. Con abundantes ideas prácticas, Les se convierte en tu mentor personal a cada página... Léelo.»

Lon Southerland, director sénior de Alimentos y Bebidas Globales en Marriott International

«*Lidera* celebra la diversidad y el compromiso, y transmite con un lenguaje claro que todas las personas pueden ejercer liderazgo.»

Jim McIntyre, presidente y director ejecutivo de Otter Tail Corporation

«Tanto si eres presidente de una empresa, ejecutivo junior o becario, encontrarás en estas páginas ideas reveladoras sobre lo que significa ser un líder con verdadero impacto. Un libro imprescindible para quienes buscan superar a la competencia y lograr que las mejores personas hagan su mejor trabajo para construir la mejor organización posible.»

Justin Nelson, cofundador y presidente de la National Gay & Lesbian Chamber of Commerce

«*Lidera* es uno de esos libros que desearías haber leído hace décadas. Pon al día tus habilidades de liderazgo y pásaselo después a quien acaba de graduarse. El conocimiento que extraiga de este libro no tendrá precio.»

Pat Smith, director general de Career Systems International

«No es el cargo lo que te convierte en líder, sino tus acciones. *Lidera* demuestra que el liderazgo puede —y debe— estar al alcance de todos, también del tuyo.»

Nilofer Merchant, autora *bestseller* de *11 Rules for Creating Value In the Social Era*

«*Lidera* es una lectura inspiradora e imprescindible que te hará replantearte todo lo que creías saber sobre el liderazgo. Lejos de ser una cualidad reservada a unos pocos, descubrirás que liderar está al alcance de todos.»

Kate Marshall, conferenciante, formadora y *coach* galardonada, autora de *Building Business Athletes*

«En *Lidera*, Les McKeown te ayuda a convertir el liderazgo no solo en lo que haces, sino en lo que eres. Con este libro puedes marcar la diferencia —sin importar tu sector, tu trayectoria o tu puesto— cada día.»

Carol Roth, colaboradora de CNBC, emprendedora y autora del *bestseller The Entrepreneur Equation*

«*Lidera* aporta nueva vida al concepto de liderazgo. Como muchos empresarios, antes pensaba que liderar era parte de la gestión. Pero después de leer este libro comprendí que cada persona dentro de una organización puede ejercer liderazgo para alcanzar objetivos comunes.»

Leslie Pembrook, presidenta y directora general de The Medical Team, Inc.

Lidera

Comparte tu visión.
Inspira a otros.
Logra lo imposible.

Les McKeown

Para JMW

© Ediciones Kōan, s.l., 2025
c/ Mar Tirrena, 5, 08912 Badalona
www.koanlibros.com • info@koanlibros.com

Título original: *Do Lead*
© The Do Book Company 2014
Works in Progress Publishing Ltd

Texto © Les McKeown 2014
Traducción © Victoria Riobó
Ilustraciones © Millie Marotta 2014

ISBN: 978-84-10358-37-9 • Depósito legal: B-23988-2025
Diseño de cubierta: James Victore
Diseño del libro: Ratiotype
Maquetación: Cuqui Puig
Impresión y encuadernación: Liberdúplex
Impreso en España / *Printed in Spain*

1ª edición, febrero de 2026

Contenido

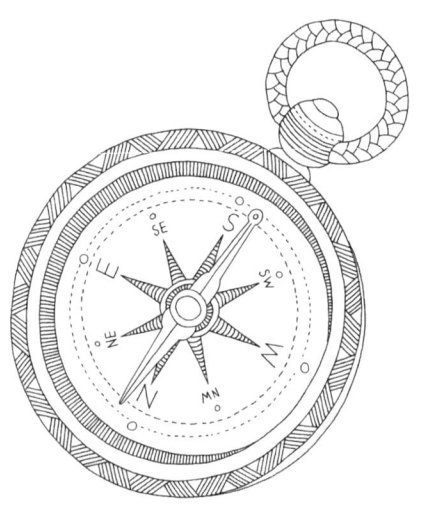

Introducción

Hoy en día es frecuente que oigamos hablar de un vacío de liderazgo. Y es cierto: en este momento tenemos pocos líderes auténticos a quienes podamos seguir, y a los que seguimos los juzgamos con un listón demasiado bajo.

Miremos cualquier ámbito en el que esperaríamos encontrar líderes inspiradores: la política, la empresa, el entretenimiento, las fuerzas de seguridad. Lo que en realidad encontramos es escándalo tras escándalo, que quita otra capa más de la confianza y el respeto implícitos que depositamos en nuestros líderes.

Pero ¿hay realmente menos líderes auténticos? ¿O, como creo yo, lo que ha ocurrido en el último medio siglo es que el concepto mismo de liderazgo se ha distorsionado, deformando nuestra mirada e impidiéndonos reconocer los actos de verdadero liderazgo?

Cuando pensamos en el concepto de liderazgo, lo vemos como un acto de élites, separado de la vida cotidiana y reservado a personas que son de algún modo especiales. Como si el liderazgo fuera algo «ajeno», practicado por gente que no eres tú ni yo.

Y, por supuesto, en cuanto delegamos la idea de liderazgo, cuando la ponemos en manos de esos «otros», empiezan a ocurrir dos cosas de inmediato. Primero, que dejamos de confiar en ellos; y segundo, que nos eximimos de sus fracasos. Si el liderazgo lo ejercen los otros, suyos son los fallos, suya la culpa y suyo el problema, no nuestros. Ya se trate de un escándalo de sobresueldos, de espionaje descarado e intrusivo, de una mala gestión corporativa o de un fraude flagrante, podemos quedarnos al margen, lavarnos las manos de las consecuencias y limitarnos a desaprobar con un gesto.

Se dice que cada generación tiene el liderazgo que se merece. Hoy estamos pagando las consecuencias de haberlo delegado: nuestros líderes nos fallan y, como consecuencia, nuestras instituciones se debilitan.

Pero no tiene por qué ser así. En mi larga trayectoria de trabajo, durante tres décadas, con instituciones, organizaciones y sus líderes, he comprobado una y otra vez que este declive puede detenerse y que es posible restaurar un liderazgo real y efectivo en casi cualquier entorno. Solo hace falta una idea: el liderazgo no es un acto de élites. En cualquier momento, cualquiera de nosotros puede liderar. Y, de hecho, más personas deberíamos hacerlo.

En este libro descubrirás qué significa en verdad liderar y cómo hacerlo (si así lo quieres). En los cuatro primeros capítulos derribaremos los cuatro mitos que han paralizado al liderazgo en nuestra época: que tiene que ser «heroico»; que para ser líder hay que ser un cierto tipo de persona; que solo se puede liderar desde el frente; y que el liderazgo solo se manifiesta en tiempos de crisis.

En pocas palabras, aprenderás justo lo contrario: que el liderazgo suele ser algo cotidiano; que cualquiera puede ejercerlo, incluso sin ser el líder reconocido del grupo; y que el verdadero liderazgo —el que realmente cuenta y marca la diferencia— ocurre todos los días, no solo en tiempos de crisis.

En los capítulos restantes de *Lidera* te ofrezco lo que necesitas para dar el paso (si estás leyendo este libro, supongo que es lo que deseas): la mentalidad adecuada; un conjunto básico de habilidades; técnicas para afrontar los (inevitables) fracasos; y una guía para empezar. También descubrirás qué estilo de liderazgo encaja mejor contigo. Para la mayoría de nosotros resulta claro al leer los perfiles que describo. A partir de ahí podrás afinar tu estilo natural de liderazgo para obtener los mejores resultados.

Mi objetivo es que, cuando termines los primeros capítulos de este breve libro, tengas claro que no hace falta resignarse ante la escasez de verdadero liderazgo en nuestra generación: siempre es posible adoptar una actitud más proactiva. Quisiera que, al disipar los múltiples malentendidos sobre lo que en realidad significa liderar, decidas que tú también puedes hacerlo, y marcar una diferencia real en tu entorno; y que los capítulos restantes te proporcionen todo lo necesario para empezar con fuerza.

Si ya eres líder, sea a pequeña o gran escala, creo que este libro te ayudará a reavivar tu pasión por el liderazgo y te dará una nueva perspectiva, además de algunas herramientas para que sea aún más efectivo.

Entonces, pongámonos en marcha.

1

Qué es el liderazgo y dónde se manifiesta

Empecemos por el verdadero secreto del liderazgo: sucede constantemente, casi en cualquier ámbito que mires, y, la verdad, no tiene tanto misterio.

¿Decepcionado? Quizá esperabas algo un poco más... desafiante. No es de extrañar: desde hace tres milenios —de hecho, desde que algún *Homo erectus* desconocido hizo su propio Banksy en la pared de una cueva— hemos estado bastante obsesionados, como sociedad, con la idea del liderazgo heroico. Piensa en el neandertal que mata al tigre dientes de sable, en Filípides corriendo desde Maratón hasta Atenas para anunciar la victoria sobre los persas, en Ulises, en Napoleón, en el capitán Sully (véase el capítulo 4), toda esa mitología.

Y no está mal. Se presta a buenas historias y a un sinfín de frases inspiradoras, perfectas para usar en carteles motivacionales o para llenar los espacios en blanco que sobran en las presentaciones de *team building* de PowerPoint.

El problema es que los periodistas (o historiadores) en busca de una buena historia nos han acostumbrado tanto a una concepción heroica del liderazgo que hemos perdido la capacidad de ver el verdadero liderazgo tal como es: una actividad cotidiana, casi siempre sin titulares ni brillo, que tiene lugar de incontables (y prosaicas) maneras en todo momento.

Como un aficionado al deporte que se ha vuelto adicto a los resúmenes de YouTube, las repeticiones instantáneas y los comentarios enlatados, hasta el punto de no soportar la monotonía de asistir, y mucho menos ver, un partido completo y sin editar, así nos hemos acostumbrado a la versión hollywoodense del liderazgo que difunden los medios. Hemos perdido la capacidad de reconocer el liderazgo genuino a nuestro alrededor. Y cuando eso pasa, las cosas empiezan a cambiar.

Comparar y contrastar

He aquí un ejemplo de lo que quiero decir. El día en que escribí este capítulo, las primeras cinco historias sobre liderazgo que encontré durante mi lectura habitual y algo aleatoria de los medios fueron estas:

— El perfil de un joven CEO de cuarenta y seis años, de una empresa de moda, que ha redefinido el concepto de liderazgo en su compañía basándose —atención— en sus entrenadores deportivos favoritos.

— Una política que compite en una elección poco reñida recibe elogios por mostrar liderazgo al defender una postura que contradice directamente la línea de su partido.

— Todo un continente es criticado por su falta de liderazgo cuando la Fundación Mo Ibrahim (creada en octubre de 2006 para promover el buen gobierno y el liderazgo en África) anuncia que, por cuarta vez en siete años, no entregará su premio a ningún líder africano.

— El director de sistemas de una empresa de la lista Fortune 500 declara en una conferencia sobre liderazgo que «cada mañana se despierta lleno de entusiasmo por lo que su equipo de más de 1.200 empleados se propone lograr durante el día, y con el impulso de aplicar sus conocimientos al máximo de su potencial».

— Un académico que se tomó un año sabático para estudiar los desafíos del liderazgo en la sociedad moderna informa que los ha identificado como «tecnología e información», «resiliencia», «bienestar», «innovación disruptiva» y algo que él llama «observación del entorno».

Todo esto está muy bien, hasta cierto punto. Pero fíjate en que todas estas historias siguen el mismo patrón narrativo: la idea de que el liderazgo debe estar, de algún modo, vinculado a la sabiduría, al valor, a la fama, al alcance o dimensión de los logros; algo, lo que sea, que le dé un tinte heroico. Cuesta ver cómo esas historias tan difundidas se relacionan con la forma en que la mayoría de nosotros emplea el tiempo, día a día, en el mundo real.

Ahora déjame compartir contigo los cinco actos reales de liderazgo que presencié ese mismo día. No son cuentos prefabricados con moraleja o enseñanza, ni retratos que inviten a la admiración, ni relatos de hazañas extraordinarias; son simplemente actos de liderazgo auténticos, de la vida real.

— El equipo de mi consultora tenía que salir a las 8:30 para una reunión con un cliente. Mi esposa se levantó antes del amanecer para ir al gimnasio temprano y así el coche que compartimos estuviera disponible a tiempo para que mi equipo lo usara.

— Un colega se ofreció a quitar diez diapositivas suyas de una presentación que íbamos a mostrar al día siguiente, porque estaba quedando muy larga y recargada.

— En una sesión de *coaching*, una clienta que siempre interrumpía a su equipo se propuso el desafío concreto de no hacerlo por una semana, esperando a que cada persona terminara de hablar antes de intervenir ella.

— En una cafetería del barrio, vi cómo una empleada dejó de limpiar las mesas para ayudar a una compañera cuando la fila se hizo muy larga.

— La mujer que cuida a mis perros cuando viajo me envió un correo para recordarme que pasaría a recogerlos a las 9:00 del día siguiente, y me preguntó si quería que comprara comida para perros en la tienda, ya que en su última visita había notado que quedaba poca.

¿Notas la diferencia entre las historias sobre liderazgo que aparecen en los medios y estos actos reales de liderazgo? Toda narración necesita un argumento, unos personajes: hace falta un héroe o un villano, un ganador o un perdedor (o, al menos, un vídeo de un gato adorable). Es lógico: las revistas y los periódicos tienen que vender ejemplares, las webs necesitan visitas, y nadie se interesa demasiado por noticias como «Mujer devuelve el coche a su marido a las 8:15 de la mañana».

Que no se me malinterprete: no tengo nada en contra del liderazgo heroico. De hecho, por mi trabajo (acompaño a directivos de alto nivel), tengo el privilegio de ser testigo de muchos casos. Me conmueven los actos heroicos de liderazgo; ver a alguien hacer cosas increíbles bajo presión o guiar a otros y mantener la firmeza en medio de situaciones difíciles me emociona muchísimo.

De hecho, si le has echado un vistazo rápido a los ejemplos de liderazgo real que he mencionado antes, probablemente has fruncido el ceño, preguntándote cómo podrían considerarse actos de liderazgo. ¿Qué eleva al nivel de liderazgo preparar un café para una fila de clientes? ¿No es simplemente alguien haciendo su trabajo? ¿Y devolver el coche a tiempo para que otra persona lo use? ¿No es solo un gesto de cortesía? ¿Y la directiva que decidió morderse la lengua y dejar hablar a los demás por una vez? Seguramente solo está intentando ser un poco menos insoportable, ¿no?

Qué es el liderazgo

Bueno, depende de cómo lo definamos. Si el liderazgo «heroico» es un concepto válido, pero nos ofrece una perspectiva demasiado limitada, ¿cuál debería ser entonces nuestra definición del liderazgo cotidiano?

El reconocido diccionario en línea Merriam-Webster ofrece dos posibles definiciones, una apenas un poco más útil que la otra:

— **«Estado o posición de ser un líder»**. (Bueno…, obvio).
— **«Acción de dirigir a un grupo de personas o a una organización».**

Una simple búsqueda en internet arroja generalizaciones igual de inútiles sobre los líderes y el liderazgo, incluso de parte de algunos de sus más reconocidos expertos.

— **«Alguien que tiene seguidores.»** – Peter Drucker (uno de mis héroes personales).
— **«Alguien que ejerce influencia.»** – John Maxwell.
— **«Quienes empoderan a otros.»** – Bill Gates.
— **«La capacidad de traducir la visión en realidad.»** – Warren Bennis.

Todas definiciones amplias, y francamente poco útiles.

Aquí va una que he afinado tras treinta y cinco años de trabajar con líderes (heroicos y de los otros) y de practicar, de vez en cuando, algún que otro acto de liderazgo. La usaremos como definición práctica para el resto del libro:

El liderazgo consiste en ayudar a un grupo de dos o más personas a alcanzar sus objetivos comunes.

No es muy complicada, lo admito, pero es una definición sólida que me ha servido bien a mí y a las personas y organizaciones con las que he trabajado a lo largo de los años.

Veamos ahora, paso a paso, qué implicaciones tiene definir el liderazgo de esta manera.

El liderazgo surge en grupos o equipos

Sin seguidores no hay liderazgo. Por eso, el liderazgo no es un acto individual ni aislado: solo tiene sentido cuando hay otros involucrados.

Esos grupos o equipos pueden ser muy pequeños

Basta con formar parte de un «grupo» de dos personas para ejercer liderazgo. Por tanto, el liderazgo es posible no solo en las grandes organizaciones, sino también en los grupos más pequeños: en una relación, entre amigos o incluso, como veremos más adelante, en lo que parece una conversación casual en una pausa para el café.

El liderazgo puede surgir en un instante

Aunque muchas iniciativas de liderazgo son el resultado de una reflexión y planificación considerables, es imposible saber cuándo puede surgir o surgirá una. Si estás con otra persona (o con cinco, veinte o mil) y haces o dices algo que ayuda a ese grupo a acercarse a un objetivo común, eso es ejercer el liderazgo. Una decisión espontánea tomada sobre la marcha tiene el mismo valor de liderazgo que una decisión difícil, tomada tras noches de desvelo y una intensa búsqueda interior.

El liderazgo no es un estado permanente

En un grupo o equipo, es posible que en un momento yo tome la iniciativa de liderar, y que luego lo hagas tú. O que Joan, allá al fondo, lo haga más tarde. Es importante comprender que, incluso cuando un grupo o equipo tiene «líderes» designados formalmente —como un equipo de gestión de proyectos o un consejo directivo—, esos líderes reconocidos no tienen el monopolio del liderazgo. (De hecho, como veremos más adelante, esta mentalidad —la idea de que solo quienes ocupan cargos formales pueden o deben liderar— es profundamente disfuncional y da lugar a equipos mediocres.)

El liderazgo se manifiesta tanto en contextos formales como informales

El liderazgo no ocurre solo en situaciones formales, como una reunión de directorio, en el campo de juego o en un comité de crisis. En un instante se pueden formar grupos de dos o más personas alrededor de objetivos a corto o medio plazo. Mostrar liderazgo es igual de posible tanto durante un retiro estratégico de tres días para salvar tu empresa, como tomando un café con un colega y conversando sobre cómo enviar una muestra de producto a Pekín.

Lo que el liderazgo no es

Para terminar este primer capítulo, conviene dejar atrás algunos de los mitos más peligrosos sobre lo que implica ser un líder.

¿Peligrosos? Quizá *debilitantes* sea una palabra más adecuada. A menos que dirijas una gran operación militar, ninguna vida corre peligro cuando el liderazgo se presenta de manera distorsionada. Sin embargo, muchas personas se abstienen de liderar porque les han vendido una idea poco realista e intimidante del liderazgo.

Liderar no es tener carisma

Empecemos por el error conceptual más notorio en torno al liderazgo: la idea de que los líderes son carismáticos y que liderar es algo glamuroso.

A lo largo de mi vida he conocido a muchos líderes carismáticos, y he trabajado para varios de ellos, algunos cuyos nombres reconocerías. Sin embargo, por cada líder carismático que me he cruzado, he conocido y trabajado con cientos que difícilmente podrían describirse así.

El carisma, si lo tienes, puede ser una gran herramienta para liderar (aunque, por supuesto, es igual de peligrosa si se usa mal), pero no es un requisito indispensable. Tampoco lo es ser un gran comunicador, un motivador excepcional o un genio capaz de descifrar a las personas y comprender sus motivos. Todas esas cualidades son útiles, pero del mismo modo que poseer una o varias de ellas no convierte a nadie automáticamente en líder, no tenerlas tampoco te impide actuar con liderazgo.

Liderar no es cuestión de genialidad

A veces, los líderes proponen ideas realmente extraordinarias. Cuando esto ocurre, se escribe sobre ellos y reciben toda clase de elogios (a veces, con toda razón). Pero el liderazgo no consiste solo en ideas brillantes y actos geniales. De hecho, a veces es todo lo contrario: consiste en descartar la idea más creativa y espectacular en favor de una solución práctica; en elegir entre alternativas de bajo riesgo o, en ocasiones, simplemente en señalar lo que es más que evidente.

Si tienes un coeficiente intelectual digno de Mensa, perfecto; sin duda encontrarás muchas oportunidades para usarlo como líder. Pero, insisto: la genialidad no es un requisito indispensable para liderar. Hay muchísimas personas excepcionalmente inteligentes que ni en sueños podrían considerarse líderes eficaces (probablemente, muchos de tus antiguos profesores universitarios entre ellos). Del mismo modo, conozco a muchísimas personas con un coeficiente intelectual nada fuera de lo común que son auténticos líderes.

Liderar no es tener un cargo

A estas alturas ya habrá quedado claro que el liderazgo tiene muy poco que ver con el puesto que una persona ocupa en el organigrama. Si bien la jerarquía en una organización puede ser una consecuencia de que alguien haya demostrado dotes de liderazgo, no lo garantiza en absoluto. De hecho, muchas personas que nunca alcanzan un cargo importante actúan de todas formas como auténticos líderes.

Profundizaremos en la dinámica entre el cargo y el liderazgo en el capítulo 3, «Cómo (y cuándo) liderar».

Ahora es tu turno

Aquí tienes un resumen de lo que hemos aprendido en este capítulo. Dedica un momento a leer los puntos que siguen y reflexiona sobre su impacto en tu forma de liderar:

— Los medios de comunicación se han adueñado del concepto de liderazgo y lo han convertido en sinónimo de un liderazgo heroico.

— El verdadero liderazgo, el del día a día, puede incluir ocasionalmente actos heroicos, pero la mayoría de las veces es algo mucho más sencillo e incluso rutinario.

— El liderazgo se define como la capacidad de ayudar a un grupo de dos o más personas a alcanzar sus objetivos comunes.

— Esto significa que cualquiera, en cualquier momento, puede liderar.

— El liderazgo se da tanto en ámbitos formales como informales.

— No necesitas ser el líder formal de un grupo para poder liderar.

— Liderar no es tener carisma, ni genialidad, ni un cargo; si bien son características que ayudan, no son requisitos indispensables.

— Puedes liderar. Sí, tú.

2
Los cuatro estilos de liderazgo

Desde siempre, la clásica pregunta sobre el liderazgo es: ¿los líderes nacen o se hacen? ¿Llegan al mundo con una inclinación natural para liderar o desarrollan esa capacidad a medida que responden a los desafíos y circunstancias del entorno?

La respuesta es bastante simple: ambas son ciertas. Algunas personas son líderes natos; otras no, pero trabajan con empeño para llegar a serlo; y algunas se convierten en líderes solo muy a su pesar. Como dice Malvolio en *Noche de reyes*, de Shakespeare: «Algunos nacen grandes, otros alcanzan la grandeza y a otros la grandeza les es impuesta».

Veamos algunos ejemplos.

Líderes natos

Cuesta imaginar a personas como Richard Branson, Steve Jobs, Howard Schultz, P. T. Barnum o Winston Churchill haciendo otra cosa que no fuera liderar. Cada uno de ellos asumió puestos de liderazgo desde los comienzos de su vida adulta. Algunos empezaron incluso antes —Branson, por ejemplo, ya movilizaba a otros cuando todavía estaba en la universidad—, y nunca dejaron de hacerlo.

Líderes hechos a sí mismos

Abraham Lincoln fue considerado un político poco destacado, con escasas probabilidades de llegar a ocupar un cargo, pero con el tiempo dominó el arte de liderar con la misma constancia, y eficacia, con que estudió Derecho. Henry Ford quebró cinco veces antes de que su empresa automotriz despegara. Al comienzo de su carrera, Walt Disney fue despedido de un periódico por «falta de imaginación y de buenas ideas». Tras el suicidio de su marido, Katharine Graham asumió de inmediato la dirección del *Washington Post* —entonces un periódico regional sin gran peso— y, aprendiendo desde cero, lo convirtió en un éxito mundial.

Líderes reticentes

George Washington no quería ser el primer presidente de Estados Unidos y se negó a ejercer más de dos mandatos. Como millones de personas descubrieron gracias a la película *El discurso del rey*, el príncipe Alberto, duque de York, quedó devastado al comprender que tendría que aceptar el trono y convertirse en el rey Jorge VI. Anjezë Gonxhe Bojaxhiu tenía treinta y seis años cuando respondió a un llamado divino que transformaría su vida y la del mundo: se convirtió en la Madre Teresa. El papa Francisco incluso consideró rechazar el papado; seguía siendo «Bergoglio» para sus amigos y prefería vivir en la residencia de Santa

Marta antes que en los fastuosos apartamentos pontificios del Palacio Apostólico. (Es revelador que abunden los «líderes reticentes» en la política y la religión. En esos ámbitos, el sentido del deber suele imponerse al deseo personal, algo mucho menos habitual en el mundo de los negocios, el deporte u otras formas de liderazgo.)

¿Y por qué es relevante? Porque nos muestra que, aunque el liderazgo a veces parece innato —como una disposición genética—, también puede aprenderse y desarrollarse como cualquier otra habilidad, como aprender un oficio. Lo que significa que cualquiera puede convertirse en líder, siempre que esté dispuesto a hacer el esfuerzo necesario.

Tipos de liderazgo

Si cualquiera puede aprender a liderar, incluso quienes no nacieron con dotes naturales, ¿por qué son tan pocos los que se atreven a hacerlo?

Como vimos en el primer capítulo, una razón es la fascinación de los medios por el liderazgo heroico, que hace que la idea de liderar resulte intimidante para muchas personas.

La segunda razón, también fruto de una idea equivocada sobre el liderazgo, es que muchos simplemente no se ven a sí mismos como «el tipo de persona que lidera». Piensan: «No soy lo bastante ambicioso, enérgico, apasionado o decidido»; o bien, «No se me da bien tratar con la gente, con las ideas, con el estrés o con la incertidumbre». La verdad es que no existe un solo tipo de liderazgo. De hecho, hay cuatro, y todos —sí, todos— encajamos en al menos uno de ellos, y a veces en más de uno.

Así que, sin importar tu estilo personal (cómo pienses, cómo afrontes el estrés, cómo gestiones el riesgo o la incertidumbre, o cualquiera de las mil variables que te hacen ser quien eres), hay espacio para que tú también lideres. El único secreto está en conocer tu propio estilo y ofrecerlo allí donde realmente pueda ayudar a que dos o más personas alcancen un objetivo común. Comprender los cuatro estilos que solemos adoptar cuando trabajamos en grupos o equipos, y aprender a utilizar aquel que nos resulta más natural, es la clave del liderazgo eficaz.

Veamos cuáles son estos cuatro estilos: visionario, ejecutor, sistematizador e integrador. A ver si puedes reconocer en cuál encajas tú.

El liderazgo visionario

El líder visionario opera a gran altura: se siente más cómodo trabajando con temas estratégicos y a largo plazo, acepta el cambio y el riesgo, y necesita enfrentarse a ambos con frecuencia para sentirse satisfecho y útil. Suele ser, aunque no siempre, una persona carismática, un gran comunicador, y disfruta rodearse de un equipo cercano y leal.

Los líderes visionarios alternan entre momentos de gran implicación y de desconexión, pasando de estallidos de energía creativa a periodos en los que cambian el foco para recargarse. Suelen volver de esas pausas con una avalancha de ideas nuevas que defienden con pasión, al menos al principio. Este estilo también tiene su costo: la necesidad constante de lanzar grandes ideas, el salto continuo de un tema a otro y la capacidad de sostener puntos de vista aparentemente contradictorios sobre un mismo asunto pueden agotar y confundir a quienes los rodean.

Gracias a su visión, su coraje y su capacidad para simplificar ideas densas, los líderes visionarios logran motivar a los demás para que pasen a la acción y concreten proyectos. Sin embargo, su impaciencia frente a los detalles suele frustrar a su equipo, al igual que su necesidad de apropiarse de todas las ideas del grupo y su tendencia a los extremos: para un visionario, una idea puede parecer vital y transformadora un día, y quedar completamente descartada una semana después.

Los líderes visionarios dan lo mejor de sí en entornos de cambio y con poca rutina. Necesitan variedad, responsabilidad y *feedback* frecuente de su equipo que los ayude a mantenerse enfocados y a no distraerse por exceso de curiosidad o por monotonía.

Los líderes visionarios suelen ocupar puestos estratégicos más que tácticos dentro de las organizaciones, especialmente en aquellas áreas llamadas «creativas» o de «cerebro derecho», como investigación y desarrollo, marketing o planificación. Muchos fundadores y dueños de empresas encajan en este tipo de liderazgo.

Entre los ejemplos más conocidos de líderes visionarios se cuentan Thomas Edison, Steve Jobs, Sir Alan Sugar, Tony Blair y Jack Welch en la última etapa de su carrera en General Electric.

El liderazgo ejecutor

A diferencia del líder visionario, que prefiere iniciar cosas y pasar a la siguiente gran idea, el líder ejecutor obtiene satisfacción cuando termina lo que empieza. Dale una tarea clara, un trozo de cuerda, un poco de cinta adhesiva y dos huevos duros, y de algún modo la sacará adelante. Improvisando y buscando atajos, logrará cumplir con lo que se haya propuesto, pase lo que pase.

Los líderes ejecutores son más felices en la primera línea, donde pueden traducir en acción las estrategias del líder visionario y abrirse paso entre los obstáculos. Se sienten más realizados cuando resuelven problemas ideando soluciones prácticas, y casi siempre muy improvisadas. Les incomoda la falta de rumbo y prefieren tener una dirección clara. Y aunque suelen ser altamente motivadores, les cuesta delegar, confiando en que su equipo los siga y actúe por iniciativa propia.

Los líderes ejecutores están totalmente orientados a la tarea y harán lo que sea necesario para completarla, incluso —y especialmente— si eso implica salirse del sistema o ignorar los procedimientos estándar. Su inclinación por la acción más que por la teoría hace que aporten una dosis de realismo al equipo, ya que suelen eliminar actividades innecesarias y detectar sistemas o procesos redundantes o demasiado complicados. Por otro lado, a veces pueden parecer despiadados, impulsivos o poco dados al trabajo en equipo.

Aunque prefieren objetivos claros y bien definidos a instrucciones vagas o ambiguas, los líderes ejecutores trabajan mejor cuando se les da un margen amplio para decidir cómo hacer las cosas. Intentar controlarlos en exceso no funciona y solo genera frustración en ambas partes. Su impaciencia ante las demoras y su independencia frente a los sistemas establecidos a menudo tensan las interacciones y las vuelven reactivas. En cambio, ofrecerles una dirección clara y autonomía, mantener límites coherentes y ayudarlos a establecer prioridades y a delegar puede dar como resultado un líder ejecutor excepcional.

Trabajar con un líder ejecutor puede ser frustrante. Rara vez lo encuentras en su oficina. Suele estar en movimiento, asegurándose de que las cosas se hagan. Y no es bueno delegando. Prácticamente, la única manera de ganarse su confianza es acompañarlo en el terreno mientras hace su trabajo, mejor aún si encuentras la forma de ayudarlo a ser más eficaz suavizando intercambios tensos o confrontativos con el resto de la organización.

Los líderes ejecutores suelen ocupar puestos de liderazgo en aquellas áreas de la organización donde el trabajo intenso, la concentración absoluta y la improvisación son cualidades valoradas: ventas, producción o atención al cliente. Entre los ejemplos más conocidos de este estilo se cuentan Sam Walton, fundador de Wal-Mart, John D. Rockefeller, de Standard Oil, Steve Ballmer, de Microsoft, y Jack Welch durante su etapa de «Jack el Neutrón» en General Electric.

El liderazgo sistematizador

El líder sistematizador prospera en medio de los sistemas y los procesos. Logra el éxito y el crecimiento mediante la iteración y la mejora constante. Precavido y escéptico por naturaleza, vive para los datos, evita los saltos intuitivos y basa sus decisiones únicamente en criterios medibles y objetivos. No suele ser tan sociable como los otros dos estilos, y tiende a rodearse de un equipo reducido de personas afines, con quienes dedica incontables horas a analizar datos y evaluar escenarios.

El líder sistematizador piensa de forma lógica y se guía por datos, no por anécdotas. Le gusta poner orden en las situaciones en las que se encuentra y no se lleva bien con la ambigüedad o la imprecisión. Aporta coherencia, capacidad de crecimiento, precisión y una mirada objetiva, que canaliza a través de los indicadores clave con los que evalúa y controla la organización.

Algunos líderes sistematizadores analizan tanto los datos que pueden acabar impacientando a su equipo. Su resistencia al riesgo y al cambio, su ritmo de trabajo constante, incluso cuando la situación exige urgencia, y su tendencia a responder que no ante las peticiones pueden hacer que trabajar con ellos sea todo un desafío. Aun así, es posible construir una relación muy eficaz con un líder sistematizador si se respeta su necesidad de orden, se le escucha con atención y respeto, se lo cuestiona de manera constructiva, se reconocen sus méritos y se evita la exageración, algo que detestan profundamente.

Ayudar a un líder sistematizador a tener éxito implica fijar objetivos claros y precisos, asegurarse de que comprenda bien las prioridades generales de la organización —algo que a veces puede perder de vista por su intensa concentración en las métricas—, tener paciencia y recurrir a la improvisación solo cuando sea necesario.

Colaborar con un líder sistematizador exige comprender el patrón o ritmo que marca su manera de trabajar y adaptarse a él, como suele esperar de su equipo, así como entender sus prioridades, que no siempre son evidentes. Comunicarle una sorpresa o una mala noticia es todo un arte, ya que reacciona mal ante grandes diferencias entre los resultados previstos y los reales. Pero, sobre todo, trabajar con un líder sistematizador requiere la capacidad de innovar de forma gradual, no a grandes saltos: si se proponen cambios demasiado radicales, casi con seguridad los rechazará por considerarlos demasiado arriesgados.

Los líderes sistematizadores suelen ocupar puestos de liderazgo en las áreas llamadas «analíticas» o de «cerebro izquierdo» de una organización: administración, contabilidad, control de calidad o recursos humanos.

Aunque probablemente poco conocido, un gran ejemplo es Charles Coffin, quien transformó General Electric en una empresa extraordinaria, una auténtica máquina que durante años dominó la industria mundial. Alfred P. Sloan Jr. hizo exactamente lo mismo con General Motors: tomó una buena organización y, mediante sistemas y procesos, la convirtió en una gran compañía durante más de tres décadas. Y no olvidemos a Gordon Brown, un hombre perfectamente preparado para dirigir el Ministerio de Hacienda, pero mucho menos adecuado para liderar el gobierno británico en su conjunto.

El liderazgo integrador

La característica esencial del líder integrador es que, a diferencia del visionario, el ejecutor y el sistematizador —que tienden a centrarse más en sus propios deseos y preferencias—, se enfoca principalmente en lo que es mejor para el conjunto: la organización, el departamento, el proyecto, el grupo o el equipo.

Esa capacidad de tomar distancia de sus propias preocupaciones le da al líder integrador una visión más amplia de la actividad del equipo. Los estilos visionario, ejecutor y sistematizador (o VES) pueden compararse con la epidermis de la organización —si los tocas, cada uno reacciona de manera refleja, distinta pero predecible—, el líder integrador se asemeja al neocórtex: recoge la información y las señales que provienen del resto del cuerpo, las procesa y emite las instrucciones que permiten al grupo trabajar de forma productiva.

La mirada global del líder integrador se asemeja a lo que Ron Heifetz, en su excelente libro *Liderazgo sin límites*, llama «subir al balcón». Es como si el líder integrador observara la interacción entre los estilos visionario, ejecutor y sistematizador desde un nivel elevado, contemplando cómo se mueven en la pista de baile de abajo, e interviniendo solo cuando es necesario para ayudar a que el proceso avance.

Aunque existen líderes integradores natos (hablaremos de ellos enseguida), son poco comunes. Si fueran más frecuentes, la mayoría de los equipos tendría alguno desde el inicio, y así se evitaría el bloqueo que se produce entre los estilos visionario, ejecutor y sistematizador.

La buena noticia es que el liderazgo integrador es un estilo que cualquiera puede aprender a desarrollar, sea cual sea su estilo natural: visionario, ejecutor o sistematizador. De hecho, todos pueden, y deberían, aprender a actuar también como integradores. Aunque, como veremos más adelante, algunos estilos lo tienen más fácil que otros, el equipo más eficaz es aquel en el que todos sus miembros, sean visionarios, ejecutores o sistematizadores, han aprendido a ejercer el rol integrador cuando la situación lo requiere.

Descubre tu propio estilo

¿En cuál de estos perfiles te reconoces? ¿Visionario, ejecutor, sistematizador o integrador? Tómate un momento para reflexionar sobre ello basándote en las descripciones.

En verdad, no importa demasiado cuál sea tu estilo. Conocerlo siempre ayuda, pero lo esencial es que cualquiera puede ser líder, sea cual sea su estilo personal. El verdadero «secreto», si es que hay uno, está en alinear tu rol de liderazgo con tu estilo, y no sucumbir a la idea —tan promovida por los medios— de que para ser un líder eficaz hay que tener el estilo carismático del visionario. Si lo tienes, muy bien; y si no, también. Como veremos a lo largo del libro, lo único que importa es estar comprometido con liderar, adoptando el estilo que mejor te permita hacerlo.

Ahora es tu turno

Aquí tienes un resumen de lo que hemos visto en este capítulo. Tómate un momento para repasar cada punto y reflexiona sobre su impacto en tu forma de liderar:

— No existe un solo tipo de líder, y desde luego no siempre es ese héroe audaz al que estamos acostumbrados a admirar.

— Existen cuatro estilos básicos de liderazgo: visionario, ejecutor, sistematizador e integrador.

— Los visionarios se parecen más al líder audaz y carismático: son creativos, piensan en grande y asumen riesgos.

— Los ejecutores están más obsesionados con hacer: encuentran su mayor motivación cuando logran que las cosas se concreten.

— Los sistematizadores se centran sobre todo en los sistemas y los procesos; su foco está en la eficiencia, la coherencia y la posibilidad de crecimiento.

— Los integradores son personas que se enfocan en las relaciones: saben lo que quieren lograr, pero también son conscientes de que necesitan colaborar con otros para conseguirlo.

— La mayoría encajamos naturalmente en uno de los tres primeros estilos: visionario, ejecutor o sistematizador.

— El estilo integrador suele desarrollarse con el tiempo, más que ser innato.

— Puedes aprender a utilizar los cuatro estilos cuando sea necesario, aunque es probable que, bajo presión, regreses a tu estilo más natural.

3
Cómo (y cuándo) liderar

Ya hemos derribado los dos primeros mitos sobre el liderazgo. Primero, que el liderazgo tiene que ser heroico; y segundo, que para ser líder hay que ser un cierto tipo de persona. En este capítulo derribaremos el tercer mito: que solo se puede liderar un grupo, equipo u organización «estando al frente».

El mito de liderar «en primera línea»

Te pido un favor: cierra los ojos e imagina a un «líder» en acción. Tómate un momento y hazlo ahora; después, abre los ojos y sigue leyendo...

¿Qué has visto? Probablemente a alguien al frente, encabezando a un grupo de personas. Quizá un líder militar conduciendo a sus tropas a la batalla, una entrenadora deportiva motivando a su equipo en el descanso, un director general presentando la estrategia del próximo año ante sus empleados, o una maestra guiando a un grupo de niños durante una excursión escolar.

Cualquiera que sea la imagen que te hayas formado, es posible que asumieras que esa persona estaba conduciendo a otros hacia algún lugar, ya sea de forma física, como la maestra; emocional, como la entrenadora; o intelectual, como el director general.

Tiene sentido: ser líder implica, por supuesto, guiar a otras personas. A menudo el liderazgo se ejerce en primera línea, cuando una persona reconocida abre camino y los demás la siguen. Pero no siempre ocurre así. El liderazgo también puede surgir desde dentro de un grupo o un equipo, e incluso, como veremos más adelante en este capítulo, desde fuera de él.

El liderazgo no siempre consiste en estar al frente

Hay tres razones por las que es importante reconocer que la mayoría de las formas de liderazgo pueden provenir de personas distintas de los líderes formales de un grupo.

1. Nos libera de una percepción equivocada

El tercer mito del liderazgo —la idea de que solo quienes han sido reconocidos formalmente pueden liderar— rara vez se expresa de manera abierta. De hecho, muchas organizaciones intentan refutarla de forma explícita proclamando lo contrario: «Animamos a todos a expresar lo que piensan», «Somos una organización horizontal, con muy poca jerarquía», o «No existen las malas ideas».

Pero lo cierto es que de forma casi inconsciente todos nos sentimos limitados por la norma cultural y política que define el liderazgo como una estructura fija y formal, en lugar de lo que realmente es cuando funciona mejor: un conjunto dinámico y cambiante de relaciones.

2. Aporta vitalidad, diversidad y creatividad al grupo o al equipo

A veces, sobre todo en situaciones de peligro inmediato o de crisis, puede ser muy ventajoso contar con una sola voz de mando. Cuando el médico a cargo del equipo debe tomar decisiones urgentes para salvar una vida, o el piloto al mando de un 787 necesita actuar con rapidez para esquivar otro avión, la claridad y la ausencia de ambigüedad que supone asignar el liderazgo a una o varias personas claramente identificadas puede evitar la indecisión y sus peligros.

Pero en la mayoría de los grupos, equipos y organizaciones, la mayor parte de las interacciones no son de ese tipo. Ya se trate de elaborar un plan estratégico, lanzar un nuevo producto, organizar una liga infantil de fútbol o gestionar una asociación sin ánimo de lucro dedicada a transformar la educación, contar con liderazgo en todos los niveles de la organización es una gran ventaja, porque permite aprovechar perspectivas, experiencias y habilidades diversas.

3. Genera decisiones de mayor calidad

Por último, un liderazgo plural dentro de un grupo o equipo favorece decisiones más acertadas y sostenibles. Cualquiera que haya trabajado con otras personas sabe que las decisiones se implementan con mucha más eficacia cuando quienes deben llevarlas a la práctica se sienten parte de ellas desde el inicio. ¿Y qué mejor manera de lograr ese compromiso que haber participado en los propios actos de liderazgo que dieron origen a la decisión?

No, no vivimos en un kibutz

¿Significa esto que los grupos, equipos y organizaciones deberían prescindir del liderazgo formal y permitir que cualquiera asuma el mando cuando y como le apetezca?

Por supuesto que no. Eso sería una receta para el desastre total (más adelante veremos cómo evitarlo).

Lo que sí significa es que toda organización debería reconocer que posee un enorme caudal de liderazgo latente y de gran calidad dentro de sus grupos y equipos; y más importante aún, que una de las tareas esenciales del líder formal es liberar ese liderazgo oculto, no mantenerlo reprimido ni desaprovechado.

Cómo influir en grupos y equipos cuando no eres su líder formal

¿Cómo funciona esto en la práctica? ¿Cómo puede una persona, miembro de un equipo sin reconocimiento formal como líder, liderar desde dentro? Prueba este proceso en cinco pasos:

1. Comprende las dinámicas culturales y de poder

Lo primero es entender las dinámicas culturales y de poder que determinan cómo se dan las interacciones dentro de tu grupo, equipo u organización. De lo contrario, en lugar de que te vean como una persona que aporta liderazgo y colaboración, corres el riesgo de parecer un arrogante narcisista.

Busca señales de que liderar desde dentro sea algo realmente valorado y aceptado, por ejemplo:

— Que otras personas lo hagan y sus aportes sean bienvenidos (esa ya es una pista bastante clara).
— Que el líder formal pida abiertamente la opinión de un miembro del equipo y lo haga sin ponerse a la defensiva.

— Que exista un historial de ideas surgidas desde abajo que hayan sido aceptadas e implementadas.

En cambio, algunas señales de que el clima cultural y de poder no juegan a tu favor son:

— Reuniones que se desarrollan principalmente en «modo transmisión», con el líder al frente diciendo a los demás lo que deben saber, sin apenas espacio para el diálogo.
— Encuentros cargados de información, pero con muy poco tiempo para la reflexión o el *brainstorming*.
— Que personas de los niveles más altos del organigrama impongan sus agendas ocultas con una actitud pasivo-agresiva.

Que la cultura de tu equipo, grupo u organización no favorezca el liderazgo desde dentro no significa que debas desistir de intentarlo. Si cuentas con cierta influencia y estás dispuesto a invertir esfuerzo y perseverancia, adelante: vale la pena probar. Solo ten presente que puede resultar difícil y que probablemente los resultados llegarán a medio o largo plazo, ya que primero tendrás que transformar la cultura base.

2. Conoce tu propio estilo

Liderar desde dentro es un proceso delicado. No se trata de apropiarse del tema ni de tomar el control de la conversación. Tus compañeros, con toda razón, rechazarán cualquier aporte que parezca tener como único propósito hacerte notar o imponerte en la discusión.

Para que el liderazgo desde dentro funcione, se necesitan dos cosas: primero, tener algo realmente valioso que aportar (hablaremos de eso en un momento), y segundo, que tu aporte surja de forma natural y fluida, en sintonía con la conversación que el equipo esté manteniendo, y que surja con auténtica autoridad.

¿De dónde proviene esa autoridad? Principalmente, de tu estilo natural de liderazgo. Las personas visionarias tienen mayor impacto cuando actúan desde su propio estilo. Basta ver a un visionario —impulsivo y amante del riesgo— intentar participar en una conversación minuciosa y detallista, propia de un líder sistematizador, para entender lo que significa estar completamente fuera de lugar.

Lo mismo ocurre con el resto de los estilos. Basándote en las descripciones que hemos visto, intenta identificar cuál es tu estilo natural de liderazgo, o la combinación de estilos que mejor te representa.

3. Elige los desafíos que encajan con tu estilo

Una vez que sepas si tu manera más natural de liderar es visionaria, ejecutora, sistematizadora o integradora, el siguiente paso es concentrarte en aquellas partes de la conversación sobre las que puedas hablar con mayor autoridad. Probablemente identificarás esos desafíos de forma intuitiva, y notarás que te sientes más interesado y con más ganas de participar cuando aparecen en la discusión. Aun así, aquí tienes una guía rápida que puede ayudarte:

— Las personas visionarias tienen más que aportar en conversaciones amplias sobre temas nuevos y estimulantes. Las sesiones de *brainstorming*, la resolución de problemas y los espacios creativos son ámbitos en los que los demás miembros del equipo no solo están abiertos a sus aportes, sino que los necesitan para poder avanzar.

— Las personas con estilo ejecutor se sienten más cómodas al tratar cuestiones prácticas relacionadas con la ejecución. Aunque les resulta menos natural generar grandes ideas, destacan por su capacidad para identificar las formas más simples y eficaces de hacer que las cosas sucedan. Si tu estilo es ejecutor, busca oportunidades para liderar cuando la conversación gira en torno a la implementación y la acción.

— Si tu estilo natural es sistematizador, descubrirás que las mejores oportunidades para liderar dentro de tu equipo, grupo u organización surgen cuando la necesidad más urgente es armonizar, estandarizar o escalar actividades del conjunto. (Un apunte para quienes compartimos este estilo —yo incluido—: tendemos a creer que los sistemas y los procesos son necesarios casi todo el tiempo. Y, por supuesto, no lo son… al menos no para los demás. Modera tu impulso natural de intervenir constantemente hablando de sistemas y procesos, y reserva tus aportes para aquellas situaciones en las que una intervención de tipo ejecutor pueda marcar una diferencia real y estratégica. De lo contrario, corres el riesgo de que tus compañeros dejen de escucharte).

— Las personas con un estilo integrador brillan cuando el problema de fondo tiene que ver con las personas. Tu contribución será especialmente valiosa y bienvenida cuando haya conflictos de personalidad que superar, cuando el equipo atraviese dificultades de comunicación, o cuando alguien se sienta pasado por alto o ignorado. Puedes ejercer un gran impacto en cualquier momento en que el equipo esté bloqueado, no tanto por el problema en sí, sino porque le faltan las herramientas para gestionar las relaciones interpersonales necesarias para resolverlo.

4. Detecta vacíos, bloqueos y momentos de entrada y salida
Una vez que hayas identificado tu estilo natural de liderazgo y sepas reconocer cuándo un problema o una situación en-

cajan especialmente bien con ese estilo, ¿qué sigue? ¿Tomas el control de la conversación?

Como puedes imaginar, la respuesta es no. Se trata de buscar oportunidades para liderar desde dentro, no de incomodar a tus colegas apropiándote de una discusión o imponiéndote en un proyecto.

A veces esto puede implicar asumir temporalmente el mando, como cuando un equipo estancado recurre a la persona visionaria para dirigir una sesión de *brainstorming* en busca de una idea creativa reveladora; o cuando un grupo interfuncional con poca armonía pide al miembro más integrador que modere la próxima reunión para reducir las tensiones personales. Pero, la mayoría de las veces, liderar desde dentro consiste en realizar aportaciones individuales, pero estratégicamente significativas, contribuciones que impulsan al equipo o al grupo un poco más cerca de sus objetivos comunes.

Las mejores oportunidades para hacer este tipo de aportes surgen ante los vacíos, los bloqueos y los puntos de inflexión:

— Los vacíos son espacios muertos que hay que llenar para que el proyecto avance. Tal vez hayas diseñado un nuevo y brillante producto, pero aún no hayas identificado los mejores canales de marketing para lanzarlo (ahí entra en juego la intervención visionaria). O quizá la liga infantil de fútbol ya tenga planificados todos los partidos y fechas de la temporada, pero nadie haya decidido todavía en qué campos se jugará (momento para que el perfil ejecutor asuma el liderazgo). O puede que tu empresa acabe de conseguir su mayor cliente hasta la fecha, pero no sepas cómo planificar el inventario y el personal necesarios (es el turno del líder sistematizador). Ya te haces una idea.

— Los bloqueos aparecen cuando algo impide el avance: por ejemplo, una persona clave que retrasa una reunión por defender su agenda oculta (momento para que el integrador lidere desde dentro, afrontando una conversación difícil); una falta de liquidez que frena la inversión en un nuevo proyecto (oportunidad para el ejecutor, que se arremanga, hace treinta llamadas y consigue cobrar los pagos pendientes); o un código defectuoso que retrasa el lanzamiento de un nuevo sitio web (turno del sistematizador, que pasa la noche entera corrigiéndolo).

— Detectar puntos de inflexión es mi manera favorita de liderar desde dentro. Surgen cuando aparece la oportunidad de conectar el trabajo que tú (y tu equipo) estáis realizando con otra actividad, y así crear algo de mayor valor en el proceso. En otras palabras, es cuando el todo es más que la suma de sus partes.

Los puntos de inflexión ofrecen excelentes oportunidades para liderar desde dentro, precisamente por el valor añadido que aportan. Llenar vacíos y eliminar bloqueos es genial; pero sigues avanzando hacia el objetivo fijado. En cambio, un punto de inflexión transforma el objetivo mismo en algo más valioso para el conjunto

Cuando una persona visionaria tiene un momento de revelación y ve cómo el nuevo producto A puede servir para revitalizar las ventas del producto B, ese es un punto de inflexión. Cuando una persona sistematizadora propone saltarse las costosas y lentas actualizaciones de software y, en su lugar, externalizar toda el área de IT, ese es otro punto de inflexión. Y cuando un integrador sugiere trasladar su club de lectura —que ya no cabe en su salón— al café del barrio, que atraviesa dificultades, esa es una solución de doble vía.

5. Contribuye

Entonces: ya has evaluado el clima cultural y de poder, y confirmado que puedes liderar desde dentro cuando sea oportuno. Has identificado tu estilo natural de liderazgo, reconocido un tema que encaja con ese estilo y encontrado una manera de llenar un vacío, eliminar un bloqueo o generar un punto de inflexión. ¿Y ahora qué?

¿Cómo se lidera desde dentro en la práctica? ¿En qué consiste, en la realidad, el acto de liderar desde dentro?

Evidentemente, la forma concreta de cada acto de liderazgo varía. Puede tratarse de una acción directa (hacer esas treinta llamadas a clientes morosos para recuperar los pagos pendientes); de una sesión frente a una pizarra (trazar la forma de vincular el lanzamiento del producto A con la revitalización del producto B); de una serie de correos electrónicos (para coordinar la externalización de los servicios de TI de la empresa); o de un centenar de otras intervenciones específicas.

A diferencia de liderar al frente, la clave del éxito de liderar desde dentro, según mi experiencia, está en la manera de intervenir. Imponer, exigir, insistir o fastidiar no te ayudará en absoluto a ganarte a tus colegas, y eso, en última instancia, es la única forma real de ejercer liderazgo desde dentro.

La manera más eficaz de liderar desde dentro es hacerlo con espíritu de contribución. Si revisas la definición del verbo *contribuir* en el diccionario, encontrarás algo parecido a esto: «Dar algo con el fin de ayudar a conseguir otra cosa».

Piensa, por ejemplo, en cuando haces una donación al Ejército de Salvación o a cualquier organización benéfica: renuncias a algo para contribuir a un propósito mayor. Liderar desde dentro debe hacerse con ese mismo espíritu si quieres que funcione: «Aquí hay algo que ofrezco al equipo para ayudarnos a avanzar», y no «Mírenme, ¿acaso no soy todo un líder en potencia?».

Lidera desde dentro con humildad, enfocándote en la contribución y no en el resultado.

Cómo liderar incluso cuando no formas parte del equipo

Algunas personas —quizá tú— llegan a convertirse en auténticos maestros del liderazgo desde dentro. Aprenden a encontrar el ritmo adecuado entre los desafíos y su estilo, y a contribuir al equipo de una manera que los demás perciben como útil, no como una forma de lucimiento personal. Cuando eso ocurre, empieza a darse una segunda dinámica: estos líderes experimentados desarrollan una especie de presencia (sé que suena grandilocuente, perdona la expresión) que les permite, de vez en cuando y según las circunstancias, ejercer el liderazgo en otros equipos, aunque no estén vinculados formalmente con ellos.

Parte de esto sucede, por supuesto, porque las personas de esos otros equipos reconocen la competencia y el éxito cuando los ven, y desean incorporar algo de lo que ese líder experimentado aporta.

Seguro que alguna vez has estado en un grupo o equipo donde alguien propone pedir la colaboración de una persona externa reconocida por su experiencia o sus habilidades en un área específica. Pero, más allá de la idoneidad, que aquí damos por sentada, el factor principal que permite a estos líderes experimentados ejercer un liderazgo valioso más allá de los límites de su propio equipo es su desapego del resultado, que a su vez proviene de su actitud de contribución.

Para que un equipo reciba este tipo de aportes transversales, ayuda enormemente que quien los ofrece sea percibido como alguien sin agenda oculta: que su contribución se haga de manera totalmente libre, sin miedo ni favoritismos, y sin necesidad de reconocimiento ni elogios. Así que, si quieres construir una reputación de liderazgo que trascienda los límites de tu equipo, ten en cuenta estos pasos:

1. Cultiva una actitud de contribución. Como ya hemos visto, la humildad y el desapego del resultado son las claves para convertirte en un auténtico maestro del liderazgo.

2. No lo fuerces. Imponerte en equipos con los que no estás vinculado no es precisamente una receta para el éxito. Espera a que las personas acudan a ti en busca de ayuda. Y si eso no ocurre como te gustaría, vuelve al primer paso y revísalo.

3. No te quedes más de lo necesario. No te instales demasiado. Haz la contribución más eficaz que puedas, asegúrate de que no haya nada más urgente en lo que puedas ayudar al equipo y luego retírate con elegancia.

Ahora es tu turno

Aquí tienes un resumen de lo que hemos aprendido en este capítulo. Tómate un momento para leer cada punto y reflexiona qué impacto tiene para tu propio liderazgo:

— El tercer mito del liderazgo es que hay que estar al frente para poder liderar.

— Este mito nos hace creer que solo los líderes formales de un grupo, equipo u organización pueden ejercer liderazgo.

— En realidad, cualquiera puede liderar un equipo, o, al menos, realizar actos de liderazgo, sin ser su líder formal.

— Incluso es posible, en ocasiones, liderar un equipo del que no formas parte oficialmente.

— Esto no significa que todas las personas de un equipo deban intentar liderar todo el tiempo, eso generaría un auténtico caos.

— El momento adecuado para liderar es aquel en que la acción que tu equipo necesita emprender encaja con tu estilo natural: visionario, ejecutor, sistematizador o integrador.

— Aun así, existen algunos criterios adicionales que puedes usar para discernir si este es, o no, el momento de asumir el liderazgo.

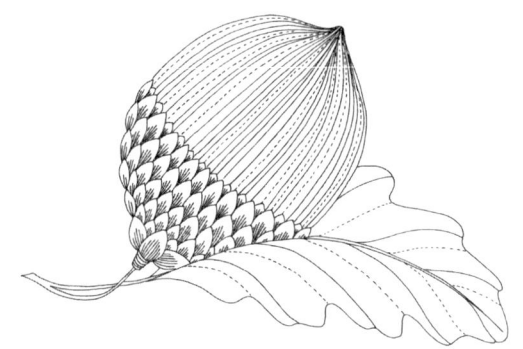

4
Liderazgo cotidiano

Cierra los ojos otra vez. Esta vez, quiero que imagines dos o tres de los actos de liderazgo más grandes que hayas presenciado en tu vida. Tómate un momento para recordarlos; si te ayuda, anótalos.

Déjame compartir los míos:

— **El discurso «Tengo un sueño» de Martin Luther King Jr.** Aunque solo tenía treinta y cuatro años cuando lo pronunció, marcó el inicio de una transformación del mundo en el que vivía entonces. Su eco ha resonado durante cinco décadas y seguirá haciéndolo por muchas generaciones más.

— **Steve Jobs presentando el primer iPhone.** El 9 de enero de 2007 fui testigo directo de cómo una industria entera se transformaba en un instante. Ver a Jobs, con sus inseparables vaqueros negros y jersey de cuello alto, casi tomándole el pelo al expectante mundo tecnológico, hace difícil creer que ni él mismo comprendiera cuánto revolucionaría nuestra forma de comunicarnos.

— **«Sully» aterrizando su avión averiado en el río Hudson.** Cuando este fue impactado por una bandada de gansos canadienses poco después del despegue, el capitán Chesley «Sully» Sullenberger consiguió aterrizarlo con éxito en el río Hudson, frente a Manhattan. En una maniobra tan arriesgada como impecable, Sully logró que los 155 pasajeros y tripulantes a bordo sobrevivieran.

Todos estos acontecimientos (y muchos otros) permanecen en mi memoria como actos excepcionales de liderazgo. Y por supuesto que lo son. Pero piensa en esto:

— Antes de pronunciar aquel histórico discurso en Washington, Martin Luther King ya había dado, en esencia, el mismo discurso, sobre los mismos temas, cientos de veces a lo largo de casi una década. Había recorrido miles de kilómetros para asistir y hablar en incontables manifestaciones; había sido demandado, golpeado, arrestado y encarcelado, y había sacrificado cualquier idea de una vida familiar «normal» para predicar la igualdad y la libertad para todos.

— Antes de lanzar el iPhone, que habría de convertirse en un fenómeno, Jobs llevaba años enloqueciendo a todos a su alrededor con su obsesiva búsqueda del diseño «perfecto» de hardware y de software para el teléfono. Y antes de eso, había seguido un camino similar (con resultados desiguales) en otros lanzamientos, como el primer Mac, Lisa o el poco recordado Newton.

— Antes de evitar el desastre con aquel impecable aterrizaje de emergencia sobre el agua, Sully acumulaba cuarenta años y veinte mil horas de vuelo, que incluían numerosas simulaciones de aterrizaje sobre el agua, además de una extensa trayectoria investigando y enseñando sobre seguridad aérea.

Lo que quiero decir es que el liderazgo eficaz no consiste en centrarse en las grandes cosas, sino en hacer de manera constante esa infinidad de pequeñas cosas que, con el tiempo, hacen posibles las grandes.

Como dijo el propio capitán Sullenberger: «Una forma de verlo es que, durante cuarenta y dos años, he ido haciendo pequeños depósitos regulares en este banco de experiencia, formación y entrenamiento. Y el 15 de enero el saldo era suficiente para hacer un gran retiro».

En este capítulo vamos a ver cómo hacer precisamente eso: acumular pequeños depósitos, día tras día, en tu propio «banco de liderazgo», para que, llegado el momento, puedas disponer de todo lo acumulado cuando sea necesario.

Detrás del brillo del éxito

Como acabamos de ver, el resplandor del liderazgo exitoso suele ser solo una capa superficial que oculta el trabajo intenso y paso a paso que precede a todo gran logro. Esto significa que los actos excepcionales de liderazgo casi siempre son realizados por personas comprometidas —mente, tiempo, corazón— con una convicción profunda.

Dicho de otro modo, la mayoría de los grandes actos de liderazgo transformador se sostienen sobre una base de coherencia con el propósito. Así como Martin Luther King dedicó su vida a la paz y la libertad para todos, Jobs se comprometió a crear los mejores dispositivos de comunicación del mundo, y Sully consagró su carrera a la seguridad aérea, todo líder verdaderamente exitoso acaba mostrando, con el tiempo, esa misma coherencia. Cuanto mayor sea esa coherencia con el propósito, y más se mantenga en el tiempo, mayores serán también los frutos de ese liderazgo.

Piensa en cualquier gran líder y verás a qué me refiero: Golda Meir, César Chávez, Mao Zedong, Nelson Mandela,

Jeff Bezos, Howard Schultz, Ginni Rometty, Rupert Murdoch. Todos tienen algo en común: una coherencia y un compromiso absoluto con el propósito. (Ahora bien, ser un gran líder no significa necesariamente usar esa capacidad excepcional para el bien. Podríamos añadir a esta lista a Adolf Hitler o Pol Pot, y la premisa seguiría siendo válida.)

¿Cuál es tu coherencia con el propósito?

Entonces, ¿qué idea o convicción hace que dediques una cantidad desmesurada de tiempo y energía a trabajar y pensar en ella? O, como decían en donde crecí, ¿qué es lo que realmente te mueve?

Ten en cuenta que tu coherencia con el propósito no tiene por qué estar orientada a lograr la paz mundial, liberar a una nación entera del racismo, fundar un nuevo país o cambiar la manera en que el 60 % del mundo toma café o se comunica. No solo es perfectamente aceptable, sino también completamente normal que, para la mayoría de las personas, esa coherencia esté dirigida a algo más cotidiano: su familia, su trabajo, reducir el uso de bolsas de plástico o convencer a otros de adoptar el veganismo.

¿Y si todavía no tienes un propósito claro?

¿Y si ahora mismo no sabes cuál es tu propósito? ¿Y si simplemente haces tu trabajo cada día, das lo mejor de ti, pero no hay una causa, una creencia o una idea que oriente lo que haces cotidianamente? ¿Significa eso que no puedes ser un líder?

Por supuesto que no. Hay mucho espacio para lo que podríamos llamar líderes situacionales: personas que ejercen el liderazgo cuando y donde es necesario, que lo hacen porque se les da bien, no porque las circunstancias las obliguen, y que se sienten cómodas liderando en casi cualquier entorno. Llámales, si quieres, líderes ocasionales o incluso líderes por encargo. Y no hay absolutamente nada de malo en eso. Si eres un líder situacional y quieres mejorar en ese rol, este libro sin duda te ayudará.

Ahora bien, si lo que quieres es marcar una diferencia en el mundo —y tampoco hay nada de malo en eso—, resulta fundamental saber y comprender con precisión qué tipo de diferencia quieres lograr. De lo contrario, corres el riesgo de repetir el error al que se refería Lily Tomlin cuando dijo: «De joven quería crecer para convertirme en alguien. Debería haber sido más específica».

Si tu deseo es generar un cambio que transforme el mundo, pero sientes que todavía no has encontrado el faro que marque el rumbo de tu propósito, aquí tienes un par de consejos: sé paciente y espera a que aparezca. Yo mismo descubrí el ámbito que despertó mi verdadero propósito, el liderazgo y el desarrollo empresarial, casi al cumplir los cincuenta años.

Mientras tanto, adopta uno temporalmente. Desde mediados de mis veinte hasta finales de mis cuarenta, solía elegir un foco provisional para mantener una cierta coherencia de propósito. Aunque no me apasionara personalmente, podía ver que me ofrecería meses —o incluso años— de trabajo con sentido y un terreno de juego donde seguir desarrollando mis habilidades de liderazgo. Ya fuera vendiendo pizzas (cuando, junto a un socio, compré la franquicia de Pizza Hut para Irlanda) o enseñando a posgraduados sobre el mundo real de los negocios (cuando, con otro socio, fundé una empresa con ese fin), descubrí que disfrutaba mucho más de la actividad —y la llevaba a cabo con mucha más eficacia— al convertirla, aunque fuera de forma temporal, en el centro de mi propósito.

En mi experiencia, la mejor estrategia es combinar ambas cosas: identificar un foco temporal para tu propósito hasta que, con el tiempo, aparezca algo que te golpee de lleno y se convierta en el verdadero centro de tu vida. Con un poco de suerte, uno acabará creciendo a partir del otro.

Lo importante no es saberlo todo, sino aportar valor

Aclaremos un posible malentendido: tener coherencia con el propósito no significa que debas ser un erudito o un genio en ese campo.

Comprometerte con la protección de las ballenas no implica convertirte en el mayor experto mundial en el filo Chordata, clase Mammalia, orden Cetacea. Y querer liderar el equipo que abrirá una nueva oficina en San Francisco no exige saber absolutamente todo sobre San Francisco.

Los expertos no son (necesariamente) líderes

En mi experiencia, la mayoría de los líderes realmente eficaces no son los más listos. En general, no saben más sobre el tema que sus colegas, y su liderazgo, desde luego, no depende de poseer ese tipo de conocimiento.

Es más, quienes sí poseen ese tipo de conocimiento especializado rara vez se convierten en buenos líderes, y a menudo ni siquiera desean serlo. (Piensa, por ejemplo, en tu profesor más brillante de la universidad: probablemente no verías en él un gran potencial de liderazgo.)

Se trata de aportar valor, no de saber más

En mi extensa carrera trabajando con líderes que generan impacto, he observado que la clave no está en saber mucho, ni en crear algo completamente nuevo, ni en realizar gestas heroicas o grandiosas. Todo esto es bueno, pero el corazón de un liderazgo con impacto consiste en que la coherencia con el propósito esté al servicio de los demás para aportar valor a su trabajo.

Tomemos como ejemplo a Steve Jobs y el iPhone. Su contribución personal al proyecto es bien conocida, y está ampliamente documentado que hubo aspectos del diseño del teléfono que supervisó con meticuloso detalle. Aun así, no había manera —ni siquiera para alguien con la pasión y la determinación de Jobs— de desarrollar por sí solo el producto final. Su mayor habilidad como líder fue lograr que el trabajo de los demás superara incluso lo que ellos creían posible, aunque sus métodos, en ocasiones, fueran discutibles.

Los líderes integrales aportan valor en todos los ámbitos

Trabajo con muchas personas que han alcanzado un nivel de desarrollo tal que son reconocidas como líderes en distintos entornos: en su trabajo, en su comunidad o en su vida social. Y lo que he observado en estos líderes integrales es que han llegado a ese punto no por ser hombres o mujeres con un conocimiento enciclopédico o un interés infinito por todos los temas de la vida, sino porque aplican un principio muy sencillo: aportar valor al trabajo de los demás en todo lo que hacen.

Observa a un líder integral en acción y verás a alguien que no puede evitar ayudar a los demás, que anima a equipos e individuos, y que impulsa a todos a su alrededor a alcanzar logros cada vez mayores.

De líder a líder integral

¿Cómo pasa una persona de ser un líder a convertirse en un líder integral?

Como vimos en el capítulo 2, algunas personas nacen con esa capacidad. Pero, para la mayoría, es una transición que se produce con el tiempo, a medida que entran en juego dos dinámicas específicas:

1. Su coherencia con el propósito evoluciona a otro nivel

En los líderes integrales, el centro de su coherencia con el propósito pasa a ser el propio acto de liderar. Puede que al comienzo de su carrera estén enfocados en erradicar la malaria, elaborar el mejor café del mundo o dominar alguna forma de comunicación; pero, con el tiempo, ese foco se traslada al liderazgo en sí mismo.

Los líderes integrales quieren liderar, y desarrollan una coherencia con el propósito orientada precisamente a eso, a ejercer el liderazgo, sea cual sea el entorno en el que se encuentren.

2. «10.000 horas» de práctica

El simple hecho de decidir que quieres convertirte en un líder integral no te convierte en uno. Para ser un líder eficaz se necesita, evidentemente, un nivel básico de competencia en el acto mismo de liderar. Pero para llegar a ser un líder integral hace falta mucho más que liderazgo básico: se requiere maestría.

En 1973, los psicólogos Herbert Simon y Bill Chase publicaron un estudio que buscaba demostrar que para alcanzar un nivel de pericia de clase mundial en cualquier campo eran necesarios al menos diez años de práctica intensiva, lo que equivaldría, aproximadamente, a 10.000 horas de práctica. (Este principio de las 10.000 horas sería popularizado más tarde por Malcolm Gladwell en su libro *Fueras de serie*, publicado en 2008.)

Aunque esta teoría ha sido objeto de críticas, en mi experiencia se cumple casi siempre en el ámbito del liderazgo. En los próximos dos capítulos veremos qué se necesita para liderar: cuál es la mentalidad del liderazgo y de qué está compuesto el kit de herramientas de un líder. Con esa información podrás empezar a liderar de inmediato. Y si inviertes tus 10.000 horas de práctica para alcanzar la maestría, podrás convertirte, si lo deseas, en un líder integral.

Ahora es tu turno

Aquí tienes un resumen de lo que hemos aprendido en este capítulo. Tómate un momento para leer cada punto y reflexiona qué impacto tiene para tu propio liderazgo:

— El liderazgo eficaz no consiste en las grandes cosas, sino en esa multitud de pequeñas acciones que hacen posibles las grandes.
— La mayoría de los grandes actos de liderazgo con impacto se construyen sobre una base de coherencia con el propósito.
— Para que esa coherencia sea realmente transformadora, debe ser amplia, aunque no necesita ser muy especializada.
— Algunas personas trascienden el liderazgo «llano» y se convierten en líderes integrales: personas capaces de liderar en casi cualquier ámbito y circunstancia.
— Lo logran convirtiendo el liderazgo mismo en el centro de su propósito y alcanzando la maestría.
— Llegar a esa maestría requiere invertir tus 10.000 horas de práctica.

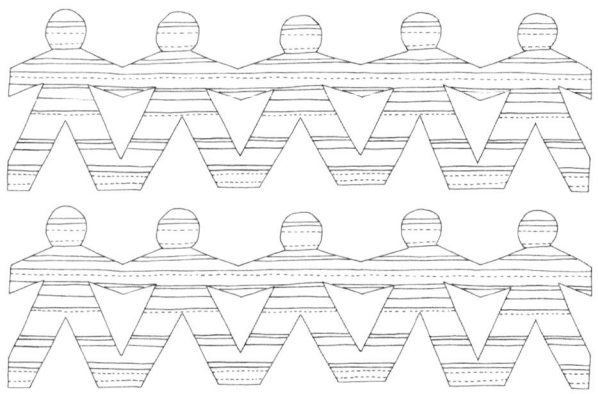

5
La mentalidad

Realizar de vez en cuando actos de liderazgo, si eso es todo lo que quieres asumir por ahora, es un objetivo perfectamente válido. Dios sabe que en nuestra sociedad hay una necesidad urgente de que muchas más personas lo hagan. Pero si lo que quieres es convertirte en alguien que lidera de forma constante y es reconocido como líder, entonces necesitas adoptar plenamente una mentalidad de liderazgo. En este capítulo, te voy a dar veinte palabras sencillas que te permitirán hacerlo.

El «secreto» no consiste en convertirse en una especie de autómata del liderazgo, alguien con un impulso constante por tomar el mando en toda situación (he conocido a ese tipo de personas, como tú, y no resulta precisamente atractivo), sino en entrenar la mente para pasar al modo liderazgo en los momentos adecuados. ¿Y cuáles son esos «momentos adecuados»? Bueno, la definición de liderazgo que establecimos en el capítulo 1 puede ayudarnos a responderlo.

El liderazgo consiste en ayudar a un grupo de dos o más personas a alcanzar sus objetivos comunes.

Así que, si liderar consiste en ayudar a un grupo de dos o más personas a lograr algo, el momento adecuado para adoptar una mentalidad de liderazgo es cuando participas en cualquier actividad que involucra a dos o más personas.

Te doy un ejemplo sencillo. Imagina que estás en el jardín en un agradable día de principios de otoño, rastrillando hojas. En el primer escenario, es tu propio jardín y estás rastrillando las hojas tanto por el efecto terapéutico, rítmico y relajante después de una semana dura de trabajo, como porque sabes que si no lo haces este fin de semana, será una tarea considerablemente mayor, más húmeda y pegajosa dentro de un par de semanas. En este caso, es una actividad totalmente personal, que puedes hacer como y cuando quieras. ¿Te aburres o te cansas? Paras. ¿Quieres rastrillar el lado izquierdo del jardín de norte a sur y el derecho de este a oeste? Date el gusto. ¿Terminas la tarea en un arranque frenético o la distribuyes tranquilamente a lo largo de un par de días? Tú decides, ¡al diablo con el liderazgo!

Imaginemos un segundo escenario. Estás rastrillando hojas en el jardín delantero de un hospicio privado de próxima apertura, donde te has ofrecido como voluntaria para ayudar a preparar el lugar para la inauguración. Esta sí es una iniciativa que involucra a dos o más personas intentando alcanzar objetivos comunes y, por lo tanto, aquí sí resulta adecuada una mentalidad de liderazgo (ya sea liderando al frente o liderando desde dentro, según tu rol).

Distinguir entre las actividades que se realizan por cuenta propia y aquellas que implican directamente ayudar a otros a alcanzar objetivos comunes nos lleva a un segundo elemento clave, que a menudo se malinterpreta:

El liderazgo eficaz está enfocado en los objetivos, no en las personas.

Volvamos al ejemplo del hospicio para ver a qué me refiero. Mientras sigues rastrillando las hojas, disfrutando del ritmo constante y del efecto casi terapéutico de la tarea —aunque ya no sea una actividad completamente personal—, ves a varias personas más limpiando las canaletas, instalando una caldera, pintando puertas y colgando cortinas. ¿Cuál es el propósito de toda esa actividad? Si durante tu participación decides o se espera que decidas ejercer el liderazgo, ¿hacia qué estaría orientado?

El objetivo es que el hospicio esté listo para su apertura. Ese es el propósito. No se trata de la felicidad, la buena sintonía o el disfrute de las personas que participan en el proyecto. Claro que garantizar un buen clima de trabajo —que el equipo esté contento, unido y motivado— puede ser un elemento clave para lograrlo, ya que un equipo satisfecho suele obtener mejores resultados y con mayor rapidez. Pero del mismo modo, habrá ocasiones en que el equilibrio del grupo deba sacrificarse para poder completar todas las tareas necesarias dentro del plazo previsto.

Todo esto sirve para dejar clara una distinción que muchos malinterpretan: parten de la idea de que el propósito del liderazgo es crear un equipo feliz y bien avenido. No es así. Saber trabajar en equipo es una habilidad de liderazgo muy valiosa e importante, como veremos en el próximo capítulo, pero no lo es todo: el objetivo es sacar adelante el proyecto en cuestión. (Si tienes alguna duda, pregúntaselo a cualquier entrenador de fútbol que haya formado un equipo contento y unido, pero que año tras año no gana absolutamente nada.)

Por supuesto, hay momentos en los que mantener a un grupo de personas contentas y satisfechas es, en sí mismo, el objetivo, como bien sabrás si alguna vez has tenido que cuidar a cinco niños a la vez. Pero esos casos son poco frecuentes, y suelen ser obvios.

El lema más poderoso del liderazgo eficaz

Hasta ahora, para convertirte en un líder hemos identificado una necesidad de desarrollo (adoptar una mentalidad de liderazgo), hemos aprendido cuándo debe adoptarse esa mentalidad (cuando participas en algo que ayuda a dos o más personas a alcanzar un objetivo común), y hemos establecido que el liderazgo eficaz se enfoca en los objetivos, no (principalmente) en las personas. La pregunta que queda es: ¿cómo podemos activar esa mentalidad de forma sencilla, natural e intuitiva?

La respuesta está en lo que considero el lema más poderoso del liderazgo, lo que yo llamo el «compromiso con el propósito común». Aquí va:

«Cuando trabaje en un equipo o grupo, pondré los intereses del propósito común por encima de los míos.»

Sentido común, ¿verdad? Y, sin embargo, tras más de treinta años trabajando con equipos, he comprobado que estas sencillas palabras son la herramienta más poderosa que existe para quien quiera convertirse en un líder verdaderamente eficaz. Veamos con más detalle qué encierran.

«Cuando trabaje en un equipo o grupo...»

El inicio del lema nos recuerda que la mentalidad de liderazgo solo se activa cuando hay otras personas involucradas. No se limita a reuniones formales; se aplica a cualquier situación, formal o informal, presencial o virtual, donde participen otros.

Recuerda también que incluso una actividad individual puede formar parte de un entorno de equipo y, por tanto, este compromiso también aplica (piensa en el ejemplo de rastrillar las hojas).

«...pondré los intereses del propósito común...»

Ya hemos visto que el liderazgo se enfoca en los objetivos, no (principalmente) en las personas. Por eso, este compromiso nos recuerda que debemos dar prioridad a los intereses del propósito común, es decir, al objetivo que une al grupo o al equipo. Elegí la palabra *propósito* con cuidado, porque apunta directamente a la tarea o meta concreta que el equipo busca alcanzar.

¿Una reunión de dos días fuera de la oficina para planificar el lanzamiento de un nuevo producto? Ese es el propósito, y es lo que debe tener prioridad. ¿Una charla con tus compañeros para organizar la fiesta de fin de año? Lo mismo. ¿Organizar un club de lectura los jueves por la mañana? Igual. En resumen, cuando lideras, lo que debe prevalecer es aquello que el grupo se ha propuesto lograr.

«...por encima de los míos.»

Bienvenido a otro aspecto del liderazgo: la capacidad de renunciar a uno mismo.

Suponiendo que tienes las competencias necesarias, el mayor obstáculo para un liderazgo eficaz suele ser uno mismo, en concreto, la dificultad de superar los propios deseos y preferencias personales.

No lo olvides: la esencia del liderazgo consiste en ayudar a un grupo de dos o más personas a alcanzar sus objetivos comunes. Se trata de ayudar al grupo a lograr sus metas, no de ayudarte a ti mismo a alcanzar las tuyas.

Y esto, a su vez, implica poner tus preferencias al servicio de las del grupo; de lo contrario, no estarías liderando, sino imponiendo. (Un tirano amable, sin duda, pero tirano al fin.)

Tampoco significa, en el extremo opuesto, ser un líder que actúa pasivamente según los deseos o prejuicios del grupo. Eso no es liderazgo. El verdadero líder usa sus propias facultades —conocimiento, experiencia y criterio— para tomar decisiones, a veces difíciles, que encaminan al grupo a su objetivo común, pero sin dejarse llevar por sus propios prejuicios o preferencias personales.

La pregunta es: ¿cómo saber cuándo estás usando tu conocimiento, experiencia y criterio para liderar con acierto, y cuándo, en cambio, solo estás cediendo a tus propios sesgos? La respuesta está en algo que ya hemos mencionado.

Ir más allá de tu estilo natural

¿Recuerdas los estilos visionario, ejecutor y sistematizador? A estas alturas, deberías tener bastante claro cuál es el estilo con el que lideras de manera más natural. Resulta que la mayoría de los sesgos de un líder están directamente relacionados con su estilo predominante, como veremos a continuación.

Visionarios

Los visionarios tienden a preferir soluciones amplias, globales y de gran alcance para resolver los problemas. Y si además implican cierto grado de riesgo, mejor aún. También son perfectamente capaces de vivir largos periodos en medio de la ambigüedad y la incertidumbre (de hecho, sienten cierta atracción, a veces sutil, a veces no tanto, por ambas).

Todo esto funciona bien cuando el visionario se dedica a su actividad principal o funcional, siempre que haya elegido un rol acorde con su estilo. Pero puede generar dificultades cuando le toca liderar equipos más amplios.

Sistematizadores

Los sistematizadores, en cambio, detestan el riesgo. No les gusta apostar fuerte por ideas que consideran poco elaboradas, odian la ambigüedad y la incertidumbre, y prefieren resolver los problemas mediante sistemas y procesos seguros, predecibles y altamente controlados. Y eso está muy bien cuando se trata, por ejemplo, del responsable financiero o del asesor legal de una organización. Pero resulta problemático si ese enfoque se convierte en la única, o principal, forma de liderar un equipo.

Ejecutores

Los ejecutores se diferencian tanto de los visionarios como de los sistematizadores en que preferirían no hablar de todo esto y simplemente salir a hacer que las cosas sucedan. Esa actitud es un gran activo cuando se trata, por ejemplo, del vicepresidente de ventas o de la persona que dirige un equipo de instalación de producto. Pero puede volverse una limitación cuando se trata de liderar eficazmente a un equipo: es difícil hacerlo si tu inclinación natural es evitar las conversaciones, y mucho más, las reuniones.

El compromiso con el propósito común nos recuerda que las fortalezas de nuestro estilo natural no siempre se traducen en fortalezas de liderazgo. Como visionarios, tal vez tengamos que moderar el impulso de estar siempre generando ideas y, cuando sea necesario, arremangarnos para hacer el trabajo duro y minucioso, ese que resulta agotador, incluso tedioso, para un visionario. Un sistematizador deberá aprender que liderar implica asumir cierto nivel de riesgo, convivir con la ambigüedad y aceptar que los sistemas y los procesos no ofrecen la respuesta a todos los problemas. Y los ejecutores tendrán que reconocer que liderar no consiste solo en hacer, sino que implica tareas más pausadas, como analizar, planificar, evaluar e incluso (¡ay!) informar.

En última instancia, para ser un líder eficaz es funda-mental aprender a pensar como un integrador: tener siem-pre presentes las necesidades del grupo o del equipo, por encima de las propias preferencias y prejuicios personales.

Convertirse en un líder integrador

¿Cómo puedo aprender a adoptar la mentalidad del integra-dor? Si mi estilo natural —ya sea visionario, ejecutor o sis-tematizador— genera puntos ciegos en mi forma de liderar, ¿cómo puedo superarlos?

El primer paso es reconocerlos. Hasta que no veas con claridad de qué manera los prejuicios y preferencias propios de tu estilo natural limitan tu capacidad de liderazgo, no podrás hacer mucho al respecto.

Y, por supuesto, ver los puntos ciegos no es fácil por definición. Por eso, aquí tienes cuatro consejos que pueden ayudarte a hacerlo.

Aplica el lema

Ya hemos visto el poder del lema, es hora de ponerlo en práctica de forma constante. Puedes escribirlo en una tar-jeta para tenerla siempre a mano. Léela antes de cada in-teracción con tu equipo o grupo. Déjala sobre tu escritorio. Puedes repartirla entre los miembros de tu equipo. Úsala.

Encuentra un líder integrador como modelo

No hay nada como un modelo a seguir. Si puedes, busca a al-guien que conozcas personalmente y que sea, por naturaleza, un integrador: alguien a quien hayas visto liderar en primera línea y desde dentro, con naturalidad y elegancia. Pídele que te acompañe como mentor en tu propio desarrollo como líder integrador. Claro que no usará esta terminología, pero enten-derá perfectamente de qué hablas en cuanto se lo expliques.

Una palabra clave como alerta

Dale a tu equipo permiso para ayudarte a detectar cuándo estás cayendo en un error típico de tu estilo natural, ya sea visionario, ejecutor o sistematizador. Inventad juntos una palabra clave que funcione como alerta (un toque de humor siempre ayuda) y usadla cada vez que notéis que te estás yendo a un extremo de tu estilo habitual.

Practica con las herramientas del liderazgo

En este capítulo nos hemos centrado en la mentalidad que necesita un líder eficaz. En el próximo veremos en detalle las herramientas que utiliza para ponerla en acción. Ambas cosas están profundamente conectadas: cuanto más desarrolles tu mentalidad de liderazgo, mejor usarás las herramientas y, a la vez, cuanto más practiques con esas herramientas, más integrador se volverá tu modo de pensar y de liderar.

Ahora es tu turno

Aquí tienes un resumen de lo que hemos aprendido en este capítulo. Dedica un momento a leer los puntos que siguen y reflexiona sobre su impacto en tu forma de liderar:

— El liderazgo eficaz se enfoca en los objetivos, no (principalmente) en las personas.

— La mentalidad del liderazgo eficaz comienza con el compromiso con el propósito común, también conocido como el lema más poderoso del liderazgo, que dice: «Cuando trabaje en un equipo o grupo, pondré los intereses del propósito común por encima de los míos».

— Convertirse en un líder eficaz implica superar las limitaciones de tu estilo natural —ya sea visionario, ejecutor o sistematizador—, y adoptar el compromiso con el propósito común te ayuda a lograrlo.

— Ese compromiso representa la esencia del estilo integrador de liderazgo. Adoptarlo te permitirá desarrollar el enfoque integrador junto a tu estilo natural.

— Puedes acelerar el proceso buscando un modelo de líder integrador, usando una palabra clave como alerta con tu equipo y practicando con las herramientas del liderazgo que exploraremos en el próximo capítulo.

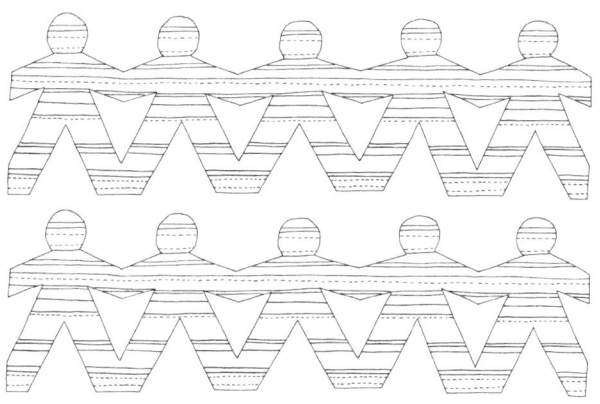

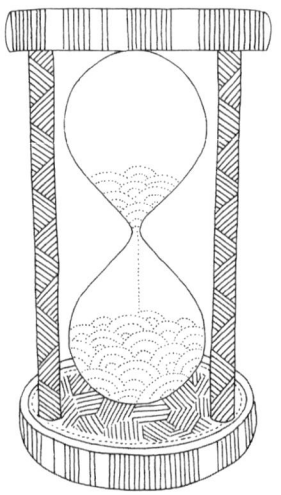

6

Las habilidades del liderazgo eficaz

En los últimos años, muchos libros sobre liderazgo han enmarañado el asunto al volver excesivamente complejo el conjunto básico de habilidades que necesita una persona para liderar con eficacia. La verdad es que, si bien hay situaciones que exigen una destreza especializada o una experiencia concreta, la mayor parte del liderazgo es, en esencia, un acto bastante intuitivo y sencillo. Un repertorio básico de habilidades basta para afrontar el 80 % de las circunstancias en las que te toque liderar, ya sea en primera línea o desde dentro del equipo.

Existen, en realidad, solo dos categorías de habilidades imprescindibles para ser un líder eficaz: aquellas que te permiten gestionarte a ti mismo, y aquellas que te ayudan a trabajar bien con los demás. Vamos a verlas por separado.

Gestionarte a ti mismo

El secreto del liderazgo comienza con algo tan sencillo y tan poco glamuroso como un cambio de actitud: asumir el control personal del flujo de información en tu propio entorno.

Dicho más claramente: si tienes quinientos correos sin leer en el teléfono, tres reuniones programadas a la misma hora y no recuerdas dónde dejaste los tres documentos clave para tu próximo compromiso, tus probabilidades de mostrar cualquier forma de liderazgo, en cualquier ámbito, son prácticamente nulas.

Debemos ir con cuidado aquí. En los últimos años, mejor dicho, en las últimas dos décadas, el concepto de gestión del tiempo, o más ampliamente, de gestión de la productividad, ha alcanzado un estatus casi de culto: sistemas y filosofías que compiten entre sí, vocabularios crípticos y gurús carísimos que prometen llevarnos a un supuesto nirvana de la productividad.

No estoy diciendo que liderar implique convertirse en un experto en productividad. Puede que sientas (o no) una descarga de endorfinas cada vez que logras dejar tu bandeja de entrada vacía, pero eso no es un requisito esencial para liderar bien. Lo que sí importa es que tengas un nivel razonablemente bueno, es decir, cierta soltura y constancia, en tres aspectos clave:

Gestión del tiempo y la productividad

Debes ser capaz de gestionar tu tiempo. No solo en teoría, sino de manera real y práctica: hora a hora, día a día, semana a semana, mes a mes, trimestre a trimestre y a lo largo de todo el año. Como ya he señalado, es difícil ejercer liderazgo cuando llegas tarde de forma habitual, tienes la agenda saturada o simplemente estás desbordado.

Aunque quienes no son buenos en esto tiendan a echarle la culpa a algún defecto innato o incorregible, la verdad es que desarrollar buenas habilidades de gestión del tiempo es quizá el aspecto más simple y mecánico de tus herramientas de liderazgo. Es algo que puede enseñarse con facilidad y aplicarse si realmente te lo propones.

En lo personal, mi método favorito es el de David Allen, *Organízate con eficacia*, aunque mi recomendación es que adoptes el sistema que más te atraiga y te mantengas fiel a él. Pon en marcha un sistema básico y ajústalo hasta que funcione bien para ti. Es importante que luego de un tiempo dejes de mejorarlo. Cuando notes que realmente funciona, sigue adelante. No te dejes tentar por la obsesión por la productividad: hay mucho de eso por ahí, y resulta totalmente contraproducente. Todo el tiempo que dedicas a «ajustar» y «perfeccionar» tu sistema es tiempo que no estás usando para lo que realmente importa: liderar.

Gestión de prioridades

Es perfectamente posible tener grandes habilidades de productividad y estar aplicándolas a las cosas equivocadas. Lo veo constantemente.

Para ser un líder eficaz no basta con hacer las cosas bien; también hay que hacer las cosas correctas. Si observas a una persona verdaderamente eficaz en acción, verás a alguien con una conciencia muy clara de cuáles son sus auténticas prioridades. Cuando lo que hace contribuye directamente a su objetivo final, muestra una energía y una dedicación aparentemente inagotables; pero si le presentas algo irrelevante o que lo aparta de su meta principal, desaparecerá antes de que puedas darte cuenta.

Al igual que la gestión de la productividad, la gestión de prioridades ha dado lugar a numerosos y excelentes libros. Aquí, quiero presentarte la herramienta más eficaz que conozco para desarrollar buenas habilidades de gestión de prioridades. La llamo el único objetivo prioritario (UOP).

Los grandes líderes saben cuál es su objetivo prioritario. Lo tienen siempre en mente, en primera fila. Piensan en él al comenzar el día; es el hilo que conecta todo lo que hacen y dicen a lo largo de la jornada; y al finalizarla, reflexionan sobre cuánto más cerca están de alcanzarlo.

Por supuesto, en algunos grandes líderes todo esto ocurre de forma casi inconsciente. Tal vez no utilicen ni este ni otro vocabulario para describir el proceso, e incluso puede que no sean del todo conscientes de cómo funciona. Pero el mecanismo está ahí.

Para el resto de nosotros, conviene hacerlo consciente y deliberado. Así es como puedes definir tu propio único objetivo prioritario:

1. **Por su propia naturaleza, solo puedes tener uno a la vez.** Aunque ciertamente cambiará con el tiempo (normalmente en meses o años, no en semanas), no pueden coexistir dos UOP.

2. **El UOP se sitúa por debajo de tu misión, visión y valores generales, pero por encima de las estrategias concretas.** Tu UOP debe ser el mayor desafío de transformación al que te enfrentas en este momento para cumplir tu misión general. Los líderes con los que he trabajado han tenido UOP tan diversos como: cambiar toda su línea de productos de madera a aluminio; encontrar un socio o competidor con quien fusionarse; pasar de un modelo de financiación basado en subvenciones a otro basado en donaciones; o diseñar y lanzar un canal de comercio electrónico para complementar su negocio físico. Todos esos UOP están subordinados a la misión global de cada líder y marcan grandes virajes estratégicos y tácticos.

3. **Tus actividades diarias se derivan de él.** A diferencia de una misión general, tu UOP debe ser lo bastante específico y concreto como para permitirte priorizar tus actividades cotidianas. Pregúntate: «¿De qué manera esta reunión (o esta actividad) me acerca a mi UOP?». Si la respuesta es «de ninguna», ¿deberías estar ahí real-

mente? ¿Cómo influye tu UOP en los datos que lees, las personas con las que hablas, las conversaciones que mantienes o las decisiones que tomas? Esto no significa que no existan otras tareas ajenas a tu UOP en las que debas involucrarte a diario (liderar implica tanto mantener el rumbo como avanzar). Pero una vez definido tu UOP, serás mucho más consciente del coste de oportunidad de esas actividades y, muy probablemente, empezarás a encontrar maneras creativas de reducir su impacto sobre tus recursos limitados.

Tómate un momento para identificar cuál es tu UOP ahora mismo y ponlo a prueba. Puede que te sorprenda su impacto.

Gestión de crisis

Incluso un líder sólido puede flaquear en una crisis. Has dominado tu productividad personal y ya te concentras en lo importante, pero, ante lo inesperado, es muy fácil quedar atrapado por la fuerza gravitatoria de una emergencia súbita y perder de vista y de control el resto de las necesidades de la organización.

Los grandes líderes, en cambio, se destacan en tiempos de crisis. Se niegan a permitir que sus prioridades o las de la organización se distorsionen indebidamente por acontecimientos aislados.

En lugar de eso, un líder eficaz reacciona ante una crisis como las ondas que provoca una piedra al caer en el agua: con la respuesta justa y necesaria, ni más ni menos de lo que hace falta, para afrontar la nueva situación, corregirla y devolver las cosas a un estado de equilibrio.

La gestión de crisis es un tema vasto en sí mismo, y existen numerosos y excelentes recursos que lo abordan con mucha más profundidad de la que podemos ofrecer aquí. Dicho esto, en el próximo capítulo, «Superar el fracaso», encontrarás gran parte de lo que necesitas saber (no todas las crisis terminan en fracaso, claro está, pero los principios para afrontar ambos son muy similares).

Trabajar con los demás

La segunda categoría de recursos que necesita un líder eficaz reúne las habilidades necesarias para colaborar bien con otras personas. Aunque es obvio, vale la pena recordar que liderar implica trabajar con otros; y cuanto mejor lo hagas, mejor líder serás.

> Cabe aclarar que trabajar bien con los demás no tiene mucha relación con caer bien o ser querido por los demás. He trabajado con líderes sumamente eficaces a quienes todo el mundo adoraba; con líderes terribles a quienes también adoraban; con líderes eficaces que apenas despertaban respeto, y a veces incluso rechazo; y con líderes terribles que provocaban exactamente la misma reacción. Que te quieran o simplemente te respeten depende, en gran medida, de tu carácter innato. Ser eficaz como líder depende de que sepas usar las herramientas adecuadas, que es precisamente de lo que estamos hablando aquí.

Como todo lo que tratamos en este capítulo, trabajar bien con los demás es un tema enorme por sí solo. Aun así, quiero presentarte las cuatro habilidades específicas que, a mi juicio, deben formar parte de la caja de herramientas de todo líder eficaz:

Manejar conversaciones difíciles

No puedes liderar si tu reacción automática ante cada situación complicada es desaparecer. De hecho, es precisamente en medio de las situaciones difíciles cuando más se pone a prueba el liderazgo.

Para ser un líder eficaz, debes ser capaz de dar un paso al frente cuando haga falta: formular preguntas incómodas, escuchar críticas duras y abordar temas delicados, todo ello sin perder la compostura ni convertirte en alguien desagradable.

¿Quieres saber lo hábil que eres en este aspecto esencial del liderazgo? Aquí tienes cinco afirmaciones sencillas: revisa si en tu caso se cumplen. (Si te cuesta tomar distancia y ser objetivo con tus respuestas, pídele a un colega que te conozca bien que te ayude.)

— No evito los temas difíciles, dolorosos o negativos; los afronto cuando surgen.
— Soy directo, pero mantengo la cortesía y la diplomacia al abordarlos.
— No doy rodeos: trato un asunto complejo con claridad y sin ambigüedades.
— Cuando trato cuestiones difíciles o negativas con otras personas, me esfuerzo por asegurar que no haya agendas ocultas, ni de mi parte ni de la suya.
— Me mantengo abierto y sin actitudes defensivas al enfrentar situaciones difíciles o negativas.

Gestión de conflictos

Los líderes eficaces no evitan el conflicto, pero no lo provocan sin necesidad, ni lo agravan. En lugar de eso, lo gestionan de manera constructiva, buscando siempre lo mejor para la organización en su conjunto (¿recuerdas el lema del compromiso con el propósito común?).

Existe una relación y una secuencia entre poder tener conversaciones difíciles y la gestión de conflictos: es importante que desarrolles primero tu capacidad para mantener conversaciones difíciles antes de disponerte a gestionar conflictos plenamente.

La habilidad para sostener conversaciones difíciles es una herramienta clave para manejar la gestión de conflictos, y conviene no lanzarse a esta última sin contar antes con esa herramienta fundamental.

Aquí tienes algunas preguntas rápidas de autoevaluación: ¿cómo te calificarías?

— Abordo abiertamente los conflictos importantes a medida que surgen, de forma equilibrada e imparcial.
— Fomento que se expresen todos los puntos de vista de un tema, dentro de un marco razonable.
— No muestro favoritismos.
— Animo a las personas que están en conflicto a resolver los problemas en lugar de ignorarlos.
— Intervengo, cuando corresponde, para ayudar a resolver el conflicto.
— Adopto un enfoque de beneficio mutuo, en lugar de uno basado en yo gano, tú pierdes.

Habilidades de comunicación

Es un hecho innegable: el liderazgo eficaz requiere buenas habilidades de comunicación, tanto escritas como orales, de escucha y de presentación. Contrariamente a lo que muchos creen, no es necesario ser una estrella del escenario o del podio para ser un gran líder. No tienes que ser un Steve Jobs o un Barack Obama al hablar en público, ni un Shakespeare o un Tolstói cuando escribes correos electrónicos, pero tu capacidad de liderazgo se verá seriamente afectada si no sabes transmitir tu mensaje con claridad y eficacia.

No solo se trata de que te conviertas en un buen comunicador, igual de importante es que fomentes buenas habilidades de comunicación en quienes te rodean. El liderazgo se parece un poco al juego del «teléfono roto»: todos hemos visto situaciones problemáticas que surgieron porque un mensaje perfectamente claro al principio se distorsionó al transmitirse. Tal vez el ejemplo más desastroso sea el de las órdenes confusas que dieron origen a la célebre carga de la Brigada Ligera durante la guerra de Crimea.

Aquí tienes algunas preguntas rápidas de autoevaluación: ¿cómo calificarías tus habilidades de comunicación como líder?

— Me comunico de forma clara y sin ambigüedades, y animo a los demás a hacer lo mismo.
— Doy ejemplo y promuevo la escucha activa.
— Presto atención y elimino estilos o métodos de comunicación que dificulten que los miembros del equipo comprendan lo que quiero transmitir.
— Utilizo un lenguaje sencillo y elimino términos o tecnicismos cuando generan confusión o malentendidos.
— Gestiono la comunicación del equipo para asegurar que todos participen de forma adecuada y que no haya comunicadores ineficaces o personas pasivas que entorpezcan el intercambio.

Inclusión

Creo que todos podemos coincidir en algo: el favoritismo es un desastre. Cuando un equipo siente que su líder tiene preferencias, en el mejor de los casos se retrae, y en el peor, empieza a sabotear activamente los objetivos del liderazgo.

El problema es que el favoritismo no siempre es un acto consciente por parte del líder. De hecho, lo que desde fuera parece favoritismo suele ser simplemente el intento del líder por hacer el trabajo de la manera más eficaz posible. (Líder: «Jean es la mejor en esto, así que siempre se lo asigno a ella». Todos los demás, excepto Jean: «Vaya, el jefe está loco por Jean».)

La verdad es que puedes salirte con la tuya de vez en cuando recurriendo a tus personas de confianza o a tu equipo estrella. Pero si quieres que tu liderazgo sea eficaz a medio y largo plazo, especialmente cuando lideras en primera línea, debes aprender a involucrar a todo tu equipo tanto como sea posible.

Aquí tienes algunas preguntas rápidas de autoevaluación sobre el tema de la inclusión: ¿cómo crees que te desempeñas en este aspecto? (Por cierto, de las cuatro habilidades relacionadas con el trabajo con otros, esta es la que más difícil resulta evaluar con objetividad. Considera pedir ayuda a un colega de confianza para responderlas.)

— Animo a todos los miembros del equipo a participar tanto como sea posible, de manera equilibrada y adecuada.
— En la medida de lo posible, alterno el rol de liderazgo en las interacciones del equipo para fortalecer el sentido de pertenencia de todos.
— Presto atención a las situaciones en que algún miembro se ha desconectado durante una interacción, identifico la causa y busco volver a involucrarlo.
— Pido *feedback* al finalizar las reuniones o actividades para evaluar el sentimiento de inclusión dentro del equipo.

Ahora es tu turno

Aquí tienes un resumen de lo que hemos aprendido en este capítulo. Dedica un momento a leer los puntos que siguen y reflexiona sobre su impacto en tu forma de liderar:

— Ser un líder eficaz implica dos grandes categorías de habilidades: gestionarte a ti mismo y trabajar bien con los demás.
— Gestionarte a ti mismo consiste, principalmente, en la gestión de la productividad, las prioridades y las crisis.
— El concepto del «único objetivo prioritario» (UOP) es una herramienta fundamental para ser eficaz en la autogestión.
— Trabajar bien con los demás implica dominar las conversaciones difíciles, la gestión de conflictos, las habilidades de comunicación y la inclusión.
— No es necesario convertirse en un maestro Jedi en todos estos ámbitos, pero sí alcanzar un nivel básico de competencia en cada uno.
— Puede ser útil pedir a otra persona que te ayude a autoevaluar tu nivel de habilidad en cada área.

7
Afrontar el fracaso

La mayoría de los libros sobre liderazgo dan por hecho que todo acto de liderazgo culmina en un éxito absoluto. Pero, por supuesto, en la vida real eso rara vez ocurre.

¿Cómo debería reaccionar un líder ante el fracaso? ¿Cuándo es correcto insistir? ¿Cómo saber cuándo cambiar de rumbo? ¿Qué explicaciones debe dar a los demás? ¿Y cómo enfrentar la pérdida de confianza o el nerviosismo que suele acompañar a un tropiezo?

En este capítulo nos centraremos en las situaciones en las que el liderazgo falla: en los errores de juicio y problemas de ejecución o las simples meteduras de pata a las que todo líder está expuesto. Analizaremos mecanismos de afrontamiento, rutinas de recuperación y cómo crear un ciclo de aprendizaje que nos ayude a no repetir los mismos errores.

Por encima de todo, veremos el papel decisivo de la humildad en el verdadero liderazgo.

No, no es «el otro lado de la moneda»

En el ámbito del liderazgo, el fracaso suele vincularse al éxito como si fuera «el otro lado de la moneda»: como si solo hubiera dos opciones —cara o cruz, triunfar o fracasar— y un simple lanzamiento decidiera cuál toca. Pero el fracaso, y el papel que desempeña en el liderazgo, no funcionan así.

Cuando un líder fracasa, no es simplemente que «salió cruz» en lugar de «cara». El liderazgo no funciona en términos de ganar o perder. Es un camino continuo, un proceso de aprendizaje que dura toda la vida, y en él el fracaso forma parte del mismo viaje tanto como el éxito. Como líder, cuando el lanzamiento de un producto sale mal, o el hospicio que diriges con voluntarios no consigue la financiación necesaria, o una presentación clave resulta un completo desastre, no puedes encogerte de hombros, esperar que la próxima vez la moneda caiga del otro lado y seguir adelante. Tu éxito futuro depende de hacer justo lo contrario: analizar con precisión por qué fallaste y aprender todo lo posible de la experiencia.

Dicho de otro modo, si estás comprometido con el liderazgo, aprender a manejar el fracaso —anticiparlo, reconocerlo cuando ocurre, gestionarlo y aprender de él— debe convertirse en una parte tan esencial de tu práctica como anticipar y celebrar el éxito. Veamos cada una de esas etapas con más detalle.

Anticipar el fracaso

Henry Ford quebró cinco veces antes de que su empresa automotriz despegara. Conoces los éxitos de Richard Branson, pero hoy no encontrarás por ninguna parte la Virgin Cola ni el Virgin Vodka. Thomas Edison fue una de las personas más exitosas de la historia, pero necesitó más de nueve mil intentos para crear la primera bombilla que funcionara. Winston Churchill fue considerado un fracasado por políticos británicos de todos los partidos, incluido el suyo, antes de convertirse en primer ministro durante la guerra.

Vivimos en una sociedad que lo quiere todo al instante: riqueza inmediata, puré instantáneo, transporte inmediato. El liderazgo no escapa a esa trampa. Las biografías aduladoras de jóvenes magnates tecnológicos y las historias de éxitos fulminantes, sobre todo en la muy influyente industria del entretenimiento, saturan nuestros canales de información. Si a eso sumamos el auge de los padres sobreprotectores y el culto al «si te lo propones, puedes lograr cualquier cosa», obtenemos una generación de aspirantes a líderes que rara vez contemplan la posibilidad del fracaso y, por eso mismo, se desmoronan por completo cuando este llega.

No estoy sugiriendo que, como líderes, debamos convertirnos en pesimistas crónicos que anticipan con resignación el fracaso antes de cada nuevo proyecto. Tampoco comparto la reciente glorificación del fracaso y esa mentalidad de «fracasa rápido, fracasa a menudo» tan popularizada, y ampliamente adoptada, por Silicon Valley. La posibilidad de fracasar es simplemente un hecho inherente a cualquier actividad, y como tal, debería asumirse y planificarse con realismo.

En resumen, sea cual sea tu ámbito de liderazgo —proteger los bosques, criar hijos, fabricar productos o cualquier otro—, pon en práctica este sencillo proceso de tres pasos para incorporar el hábito de planificar con realismo la posibilidad del fracaso.

1. Haz un ejercicio de «equipo rojo». Muy utilizado en ámbitos militares y de inteligencia, y también por muchas grandes corporaciones, consiste en formar un grupo cuya única misión es poner a prueba los principales supuestos de un plan. Como imaginarás, en una prueba para, digamos, invadir otro país, un proceso así puede ser de gran envergadura, implicando a cientos de

personas durante semanas o incluso meses. Pero puedes hacer una versión sencilla de este ejercicio para tu próximo proyecto de liderazgo en apenas media hora, con una libreta y un bolígrafo. Al iniciar cualquier actividad de liderazgo importante, acostúmbrate a tomarte un momento para explorar el peor escenario posible. Consejo: si puedes, invita a alguien que no esté directamente involucrado en la actividad para obtener una perspectiva más objetiva.

2. **Fija indicadores**. Revisa tus notas del ejercicio de equipo rojo: ¿qué señales, datos, cifras o acciones podrían aparecer y avisarte de que el proyecto se está desviando de lo previsto? Anótalos con la mayor precisión posible.

3. **Establece mecanismos de seguimiento obligatorio**. La mayoría de los líderes que se ven sorprendidos por un fracaso no son ingenuos. No es que no fueran capaces de reconocer las señales de alarma de un proyecto que se estaba torciendo; sin duda lo harían si las tuvieran delante. El problema es que no contaban con un sistema que los obligara a enfrentarse a esas señales. A medida que guíes a tu equipo o grupo, ya sea desde la primera línea o desde dentro, hacia nuevos territorios, reserva momentos periódicos no solo para revisar los pasos tácticos del trabajo, sino también para dar un paso atrás, analizar los datos de fondo y compararlos con los indicadores que fijaste en el paso anterior.

Reconocer el fracaso

En 2006, cuando Alan Mulally dejó la exitosa Boeing para dirigir la debilitada Ford Motor Company, instauró una reunión en la que los directivos debían presentar el progreso de sus proyectos utilizando un código de colores: verde para lo que marchaba bien, rojo para los problemas y naranja para los casos que requerían revisión. Aunque Ford estaba perdiendo dinero (y cuota de mercado) a un ritmo alarmante, en la primera reunión los informes mostraban casi exclusivamente luces verdes. Mulally ha contado después que solo pudo empezar a revertir la situación cuando logró convencer a sus directivos de que no era posible que todos sus proyectos estuvieran yendo tan bien.

Todos, en mayor o menor medida, tenemos una cierta tendencia a negar la realidad. Una vez que nos hemos implicado emocionalmente en un proyecto de liderazgo, es fácil interpretar los datos de forma optimista. Ford tuvo la suerte de contar con una mirada externa capaz de cuestionar, y finalmente desmontar, la cultura interna que creía que los problemas no existían.

Ahora bien, la mayoría de nosotros no puede darse el lujo de contratar a un Alan Mulally, así que aquí va mi plan en tres pasos para que aprendas a ser tu propio Mulally y no caigas en la negación.

1. **No canceles las reuniones de seguimiento.** ¿Recuerdas esas reuniones de seguimiento que habías acordado tener? Te daré un dato de primera mano: menos del cinco por ciento de los líderes con los que trabajo llega siquiera a comprometerse a realizarlas. Pero aquí viene lo interesante: de ese pequeño grupo, menos de un tercio las mantiene de manera constante. Sé verdaderamente excepcional. No canceles tus reuniones de seguimiento.

2. **Trata los datos como información.** Parece una obviedad: los datos son información, ¿no? Claro que lo son. Pero te sorprendería ver hasta qué punto algunos líderes dejan que los datos se conviertan en otra cosa: una crítica personal, un ataque a su proyecto, una mo-

lestia que los burócratas tienen que justificar o defender, o una intromisión inoportuna en su sensación, puramente anecdótica, de que todo va bien. Los datos no son nada de eso: son información sin emociones. Están ahí para ayudarte a tomar mejores decisiones. Trátalos como tal.

3. **Busca una mirada externa.** Cuando se trata de evaluar el éxito o el fracaso en tiempo real, no confíes solo en tu propio instinto. En especial, si se trata de proyectos grandes o con alto nivel de riesgo. Recurre a alguien cuyo criterio respetes, preferiblemente alguien que no tenga ningún interés personal en el proyecto o la actividad, y pídele su opinión.

Gestionar el fracaso

Ya has establecido un proceso que te permite evaluar con realismo la posibilidad de fracasar al liderar. Has definido indicadores claros que te alertan cuando algo se desvía del rumbo previsto. Has mantenido tus compromisos de seguimiento y sabes analizar los datos con objetividad.

Ahora algo ha salido realmente mal. Quizá el lanzamiento de tu producto fue un fracaso, o el inspector de bomberos acaba de entregarte una lista de infracciones que impedirán que el hospicio abra a tiempo, o tu equipo de activistas no consiguió las visas necesarias para viajar a Venezuela. ¿Qué haces?

Los momentos de crisis —cuando te enfrentas a un fracaso inminente o incluso, a veces, inevitable— son el crisol del liderazgo. Es entonces cuando se pone realmente a prueba tu temple como líder. Y, sin embargo, la respuesta de la mayoría ante esas situaciones suele ser improvisada. A menos que hayas pasado una y otra vez por circunstancias límite, es difícil saber con precisión qué hacer en cada caso; por eso, muchas veces, vamos improvisando sobre la marcha.

Es una de las verdades duras del liderazgo: nadie te enseña a fracasar. Aquí tienes mi propia lista de comprobación, basada en una sólida experiencia de muchos y frecuentes fracasos en el liderazgo.

No procrastines

En muchas situaciones de liderazgo, cierta «desatención calculada» puede ser útil. ¿Alguien te apremia por una respuesta? Déjalo correr y quizá lo resuelva por su cuenta. ¿Sesenta correos sin responder en tu bandeja? Márcalos como leídos y los realmente importantes volverán a aparecer. Pero dejemos algo claro: este principio no aplica cuando asoma un posible fracaso. En cuanto detectes la posibilidad de que algo pueda salir muy mal, reserva el tiempo necesario para hacer una evaluación sólida y hazla de inmediato.

Tu ego y el problema no son la misma cosa

Todos tenemos ego, y es muy fácil que lo primero que nos preocupe sea el coste personal del fracaso, cuando en realidad nuestra prioridad debería ser el proyecto o la iniciativa que está en juego. Si estás intentando detener una tala ilegal en Venezuela y tu equipo no ha conseguido las visas, tu primera preocupación debe ser la campaña, no tu posición ni tus emociones. Deja a un lado tu reacción emocional (al menos al principio) y concéntrate en el objetivo que intentas alcanzar con la mayor objetividad posible.

Aplica el principio del triaje: ¿es fatal o no?

Si eres un médico de campaña y tienes frente a ti a dos soldados heridos —uno que puede recuperarse si lo atiendes de inmediato, y otro sin posibilidad alguna de sobrevivir hagas lo que hagas—, la decisión de a quién atender primero es obvia, aunque dolorosa. Y aunque la mayoría de las situaciones de liderazgo no son tan extremas ni tan inmediatas, aplicamos el mismo principio: ¿es la naturaleza de este fracaso fatal o no? Si el lanzamiento de tu nuevo producto fue un fiasco y, para colmo, casi nadie se dio cuenta, eso es una cosa; pero si en el proceso la organización está perdiendo dinero a raudales, la situación es completamente distinta. Si las infracciones del código de incendios retrasarán la apertura del hospicio un mes, no es lo mismo que si implican que el edificio que adquiriste no sirve en absoluto para tu propósito.

Toma una decisión: reparar, cerrar o desechar

Una vez que has tomado distancia del problema y has evaluado con rapidez la magnitud del fracaso, estás listo para tomar la decisión clave: ¿qué hacer ahora? En mi experiencia, solo hay tres opciones reales ante una iniciativa que está fallando:

1. **Repararla.** Cuando el problema es evidente y tiene solución, repáralo. Consigue el dinero de donde sea y pon el edificio en condiciones. Ve al consulado y acelera la tramitación de las visas. Esta suele ser la opción más obvia, y a la que tendemos a recurrir casi de forma instintiva: ¿cómo arreglo esto?

2. **Cerrar el proyecto.** Esta opción es adecuada cuando el proyecto no puede salvarse pero aún es posible recuperar algo y darle un cierre ordenado a medio plazo. Tal vez el nuevo producto que lanzaste no funcione en tu mercado, pero podría franquiciarse en otros países, o quizá puedas vender las patentes desarrolladas durante la investigación y el diseño para recuperar parte de la inversión.

3. **Desecharlo.** Cuando ninguna de las opciones anteriores funciona, es momento de desechar por completo el proyecto. Como se trata de un fracaso evidente y público, suele ser la última alternativa que un líder está dispuesto a tomar, aunque en realidad, muchas veces, sea la mejor decisión posible dadas las circunstancias

Aprender del fracaso

Sin duda, el aspecto más importante del fracaso en el liderazgo es lo que puedes aprender del proceso. Y si no conviertes tus inevitables fracasos ocasionales en una oportunidad de aprendizaje, peor para ti. Aquí tienes algunas recomendaciones para hacerlo.

Realiza evaluaciones constructivas

Analiza con objetividad qué salió mal y resiste la tentación de buscar culpables. Un examen objetivo de los hechos que provocaron el fracaso de una iniciativa o proyecto revelará, de por sí, dónde estuvo la responsabilidad. En cambio, una caza de brujas solo llevará a que la gente manipule los datos para defenderse y quizá nunca llegues al fondo de lo que realmente ocurrió. (Consejo: obtendrás un grado mucho mayor de objetividad si en esta evaluación constructiva incorporas la perspectiva de alguien de confianza que no tenga ningún interés personal en el proyecto o la organización).

Revisa la cultura de tu equipo

Al analizar los datos de fondo de una iniciativa fallida, el objetivo es, por supuesto, identificar los principales aprendizajes para el futuro: por ejemplo, acudir antes a las embajadas para tramitar las visas (o a los bomberos para obtener la autorización correspondiente) o probar tus productos en un grupo demográfico más representativo.

Pero para ti, como líder, existe un mandato igual de importante, aunque menos visible: descubrir patrones de la cultura interna que pudieron haber llevado al fracaso. ¿Hay, por ejemplo, una actitud del tipo «no me traigas sorpresas» que hace que la gente oculte los datos negativos? ¿O una cultura de «dispara primero, apunta después» que lleva a actuar con prisa, sin la planificación adecuada? Como líder, tu tarea es identificar y abordar esas dinámicas culturales.

Extrae las lecciones

¿Recuerdas que antes, para resolver rápidamente una iniciativa en dificultades, dejaste tu ego a un lado? Pues bien, ahora es momento de recuperarlo. Pregúntate: ¿qué podrías haber hecho, si es que hay algo, para obtener un mejor resultado en este proyecto? ¿Hubo un momento en que no escuchaste lo suficiente a tu intuición? ¿O, por el contrario, confiaste demasiado en ella cuando deberías haber examinado los datos con más atención? Tal vez no delegaste lo necesario o delegaste en exceso.

Haz un inventario, no importa si es breve, siempre que sea preciso, y graba esas lecciones en tu memoria.

Sigue adelante

No se trata de castigarte, ni de culpar a otros. El liderazgo eficaz implica pasar página rápidamente, tanto contigo mismo como con los demás. Y no dejes que tu equipo se convierta en uno de esos donde cada conversación termina, de forma pasivo-agresiva, reabriendo batallas de hace meses o años. Reúne a tu equipo, llegad a un acuerdo sobre los aprendizajes clave, tomad las medidas necesarias y seguid adelante.

Ahora es tu turno

Aquí tienes un resumen de lo que hemos aprendido en este capítulo. Dedica un momento a leer los puntos que siguen y reflexiona sobre su impacto en tu forma de liderar:

— Todo líder que merezca ese nombre ha fracasado alguna vez.
— De hecho, el fracaso y la manera en que lo afrontas revelan más sobre tu temple como líder que la forma en que gestionas el éxito.
— Oímos y leemos muy poco sobre cómo manejar el fracaso en el liderazgo, porque es un tema del que casi nadie quiere hablar.
— Muchos líderes fracasan simplemente porque ni siquiera contemplan la posibilidad de fracasar.
— Hay cuatro fases clave para afrontar el fracaso en el liderazgo: anticiparlo, reconocerlo cuando ocurre, gestionarlo en el momento y aprender de él después.

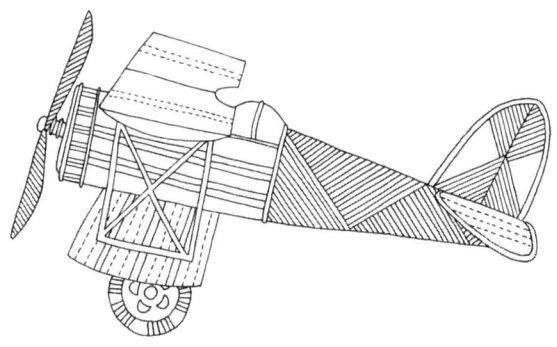

8
Toma la iniciativa

Si has llegado hasta aquí, hay algo claro: quieres liderar.
    Pero ¿por dónde empezar? ¿Cuándo es el mejor momento? ¿Y qué oportunidad es la más indicada?

Excelentes preguntas. Así que, en lugar de ofrecerte una fórmula repetida o una respuesta a medio cocer, quiero cerrar este libro contándote cuatro breves historias que quizá te ayuden a responderlas, y a resolver unas cuantas más por tu cuenta.

Empieza poco a poco

A comienzos de los años noventa dirigía una consultora especializada con sede en Irlanda del Norte. La había fundado unos años antes junto con mi socio, Will, y en poco tiempo había pasado de ser un pequeño emprendimiento de dos personas a contar con casi cien empleados y varias oficinas en distintas partes del mundo. El trabajo, ayudar a las agencias de desarrollo económico a impulsar negocios locales en sus comunidades, era enormemente gratificante, y estábamos creciendo a gran velocidad.
    Aquel día, Will y yo estábamos encerrados en la sala de reuniones, entrevistando candidaturas para el puesto

de responsable regional de una nueva oficina que íbamos a abrir en San Francisco. Era una contratación importante y queríamos acertar. La persona elegida estaría a muchos husos horarios y miles de kilómetros de distancia, y tendríamos que confiar plenamente en su capacidad para trabajar sin supervisión directa. Además, al tratarse de un puesto nuevo y no contar con personal al principio, debía ser capaz de hacerlo prácticamente todo: desde tomar decisiones estratégicas hasta encargarse de las tareas más básicas del funcionamiento diario de la oficina.

Las entrevistas no estaban yendo bien. Una persona brillaba en los temas estratégicos, pero se retorcía de incomodidad ante la idea de sacar la basura o archivar documentos. Otra parecía una excelente administradora, aunque no lograba entender del todo qué era lo que intentábamos conseguir. Y hubo un candidato que parecía perfecto hasta que confesó que no tenía pasaporte y que se ponía nostálgico cada vez que pasaba una semana fuera de casa.

Will y yo hicimos una pausa para ordenar las ideas antes de empezar otra ronda de entrevistas. Estábamos desanimados: nos costaba entender por qué resultaba tan difícil encontrar a la persona adecuada para un puesto que, en teoría, debería haber sido sumamente atractivo.

Mientras conversábamos, Alycia (no es su nombre real), la asistente, entró en la sala de reuniones en silencio, con su discreción habitual. Se movió con eficacia alrededor de la mesa, llena de papeles y vasos vacíos, recogió la basura en una bolsa y nos sirvió café, todo en un solo gesto fluido y natural. Cuando terminó de dejar el espacio impecable, desapareció, sigilosa como una aparición, y regresó al cabo de un momento con los expedientes de la siguiente tanda de candidaturas. Como siempre, cada carpeta llevaba una hoja de portada con los datos más relevantes en dos o tres párrafos y, como siempre, Alycia nos ofreció una breve exposición de un minuto con sus conclusiones sobre cada persona, basadas en la interacción que había tenido al preseleccionarlas antes de concertar las entrevistas. Sus resúmenes eran claros, precisos y, casi siempre, absolutamente certeros.

Cuando se disponía a llamar al primero de la siguiente ronda de entrevistas, le pedí a Alycia que esperara unos diez minutos antes de hacerlos pasar. Quería hablar con Will.

Para resumir la historia: le ofrecimos a Alycia el cargo de directora de programa en San Francisco, una posición estratégicamente clave y muy atractiva. Lo hicimos aunque tenía poco más de veinte años y su trabajo como asistente era su primer empleo. (Dicho sea de paso, se desempeñó de forma extraordinaria durante casi cinco años en San Francisco.)

¿Por qué le ofrecimos el puesto? Porque, en los gestos aparentemente pequeños que realizaba como parte de su trabajo —mantener el orden en nuestro entorno y proporcionarnos información relevante y estratégica—, Alycia demostró no solo liderazgo, sino exactamente el tipo de liderazgo que necesitábamos en ese momento del crecimiento de la empresa.

Cuando redefinimos el liderazgo como el acto de ayudar a dos o más personas a alcanzar un objetivo común —tal como Alycia hizo por Will y por mí aquel día—, descubrimos que incluso algo tan simple como recoger unas tazas de café puede abrir el camino a grandes cosas.

Empieza a lo grande

Durante uno de los periodos más oscuros del conflicto en Irlanda del Norte, hubo una escalofriante cadena de asesinatos en represalia. Una noche mataban al azar a una persona inocente de uno de los bandos sectarios, y a la noche siguiente, del «otro lado» devolvían el golpe.

Una de las víctimas fue una estudiante de veinte años de la Universidad de la Reina, en Belfast, que tuvo la mala suerte de ser la última en salir de una iglesia después de un encuentro de las Girl Scouts. Mientras cerraba la puerta lateral en una noche oscura y lluviosa, un terrorista se le acercó por detrás, le apuntó al cuello con una pistola y disparó. Tras tres semanas en coma, con la médula espinal seccionada, Karen murió.

Fue solo uno de los más de tres mil asesinatos sin sentido cometidos durante aquella época terrible, pero este tuvo un giro inesperado.

La madre de la joven, destrozada por el dolor, no estaba dispuesta a convertirse en víctima de lo ocurrido. Buscando comprender cómo algo así podía haber sucedido, hizo lo único que se le ocurrió: tomó el teléfono y llamó a su representante local en el Parlamento. Gracias a sus contactos, consiguió abrir un canal de diálogo con la organización paramilitar que se había atribuido el atentado.

Semanas después, tras un viaje con los ojos vendados en el asiento trasero de un taxi negro, se encontró cara a cara con el comandante de la organización, hoy un político reconocido. Sacó la biblia de su hija —la misma que Karen llevaba consigo cuando le dispararon— y comenzó a hablarle de ella, preguntándole por qué alguien querría verla muerta. Aquella fue la primera de muchas visitas semejantes.

Con el tiempo, la madre de Karen entabló una relación duradera con aquel comandante paramilitar y fue una de las personas que lo animaron a participar en el diálogo entre comunidades que acabaría dando origen al Acuerdo del Viernes Santo, el pacto que puso fin a lo peor de la violencia sectaria que había devastado la provincia. Por su parte, ella misma cofundó Prison Fellowship, una organización de alcance comunitario que promovía la reconciliación, y participó en cientos de encuentros defendiendo el diálogo como alternativa a la violencia.

La joven, Karen, era mi hermana. Y su madre, Pearl, era mi madre. Pearl se describía a sí misma como una mujer común y corriente: un ama de casa de clase trabajadora que se ganaba la vida con esfuerzo en una ciudad difícil. Pero hizo algo verdaderamente extraordinario (más tarde, yo descubriría que no fue lo único). Podría haberse dejado vencer por el dolor o consumirse por el rencor. En cambio, eligió liderar: eligió ayudar a toda una comunidad a alcanzar un objetivo común que durante tanto tiempo había parecido dolorosamente inalcanzable.

He insistido a lo largo de este libro en que el liderazgo no tiene por qué ser heroico. Pero a veces lo es. Y si alguna vez sientes ese llamado, si hay una injusticia que solo tú puedes reparar, o una verdad que solo tú puedes decir, piensa en Pearl y toma la iniciativa.

Empieza temprano

Como cualquier niño de cinco años, Thomas quería tener un hermanito. Le parecía algo genial: alguien con quien jugar, y quizá a quien mandar un poco. Pero, a diferencia de la mayoría de los niños de su edad, Thomas tenía muy claro de dónde quería que viniera su hermano: quería que sus padres adoptaran a un niño pequeño de Rusia.

Cuando Thomas mencionó la idea por primera vez, su madre hizo lo que haría cualquier madre sensata ante una ocurrencia disparatada de un niño de cinco años. Le dijo: «Claro, cariño, lo pensaré y ya hablaremos otro día». Suponía que el asunto terminaría ahí.

Pero no fue así. Thomas volvió a mencionarlo. Una y otra vez. Pasaron las Navidades, los cumpleaños, las modas; y Thomas, como cualquier niño pequeño, se entusiasmaba y se aburría con muchas cosas. Excepto con una: su hermano. Aquel hermano que quería que adoptaran de un orfanato en Rusia. Esa idea nunca se le fue de la cabeza. Y a medida que los meses se convirtieron en años, y Thomas seguía insistiendo con la misma convicción, su madre y su padre empezaron a considerar la posibilidad en serio.

Al principio, la idea les resultaba divertida, desconcertante y curiosa, pero poco a poco fue echando raíces hasta convertirse en una verdadera misión, tanto para ellos como para Thomas. Las búsquedas en internet dieron paso a llamadas telefónicas, luego a conversaciones exploratorias y a una cantidad interminable de papeleo. Después vino la vorágine: pasajes, vuelos, hoteles, nieve, frío, edificios, personas, y un bebé. Luego, más trámites. Una espera que parecía no tener fin. Una llamada, un vuelo apresurado y, finalmente, tres años después de haberlo propuesto por primera vez, Thomas vio cómo su madre entraba en casa con Nicholas, su hermano adoptivo, en brazos.

La historia podría terminar ahí, y yo podría buscar alguna lección sobre liderazgo a partir de ella. Pero no es la adopción lo que encierra la verdadera enseñanza, sino lo que ocurrió después.

Cuando por fin tuvo al tan esperado hermanito, Thomas experimentó, como era previsible, una especie de desilusión después del logro, parecida a la que se siente tras adoptar un cachorro. En más de una ocasión, frustrado con Nicholas (y quizá sin haber calculado cuánto afectaría a su autoestima perder su condición de hijo único), Thomas le rogó a su madre que lo devolviera al orfanato.

Pero esos momentos fueron escasos y, a medida que Thomas y Nicholas crecían juntos, Thomas sintió que había algo que todavía le quedaba por hacer. Al darse cuenta de que en el orfanato seguían viviendo muchos niños como su hermano, sin haber sido adoptados, y conmovido por las descripciones de su madre sobre las duras condiciones en las que vivían, Thomas, que para entonces ya había alcanzado la respetable edad de nueve años, sin que nadie se lo sugiriera, puso en marcha lo que se convertiría en una campaña navideña anual para enviar zapatos a los niños del antiguo orfanato de Nicholas. En su tercer año, Thomas ya había conseguido reunir el dinero necesario para comprar y enviar más de ochenta pares de zapatillas y zapatos a Rusia, además de abrigos, ropa de verano y juguetes.

A los nueve años, Thomas estaba convencido de que podía hacer que algo ocurriera en el mundo. Creó una página web, habló al público en vídeos sobre su proyecto y les hizo una petición concreta y sencilla: que le dieran dinero para enviar zapatos a los huérfanos. Así descubrió que podía inspirar a otras personas a actuar. Para un niño de nueve años, una lección enorme.

Como nota aparte, su madre añade que también ha aprendido que le gusta hacerlo: «Le encanta liderar este proyecto. Puede que proteste un poco cuando llega el momento de preparar las cajas o cuando no recibe nada en los días de compras, pero al final está realmente contento de dos cosas: de poder ayudar a esos huérfanos y de haber conseguido reunir a un grupo de personas para hacerlo posible».

Lo más importante es que Thomas ha aprendido a no rendirse. Para él, enviar zapatos y ropa es solo un paso intermedio. Según contó su madre, su deseo original era asegurarse de que el orfanato tuviera acceso a agua potable, pero el director no consideró que esa fuera una prioridad. Así que Thomas decidió hacer algo que el director sí valorara, como enviar zapatos y ropa, a fin de fortalecer el vínculo y esperar el momento adecuado para volver a plantear el tema del agua.

Cada vez que inicia una nueva campaña de recaudación, Thomas le pregunta a su madre si ya ha llegado «el momento del agua». Y aunque se frustra al ver que aún no es así, eso no le impide seguir haciendo algo que de verdad marca una diferencia.

Empieza más tarde

El primer recuerdo que Carissa tiene de sufrir ataques de pánico incapacitantes se remonta a cuando tenía cuatro años. Su vida familiar era un caos y, aunque entonces era demasiado pequeña para entenderlo, las cosas no iban a mejorar.

A medida que crecía y su entorno se volvía cada vez más disfuncional, Carissa fue cayendo en la ansiedad y la depresión. Al llegar a la adolescencia tardía era, por decirlo suavemente, una joven difícil.

Poco a poco, y con la ayuda de su fe, Carissa empezó a enderezar su camino. Una experiencia en un programa de formación para padres durante la universidad encendió en ella una chispa, quizá débil en un inicio, pero suficiente para iniciar un fuego lento y constante.

Tras trabajar siete años como formadora de padres y luego como tutora, Carissa aceptó un puesto como consejera en un centro local de apoyo a embarazos en crisis, donde atendía a mujeres embarazadas, la mayoría jóvenes, muchas de ellas expulsadas de sus casas.

Una y otra vez, Carissa se veía haciendo malabares para ayudar a estas mujeres a afrontar las consecuencias de una educación interrumpida, una atención médica mínima, relaciones inestables, conductas de riesgo y una situación económica incierta. En los años siguientes, mientras criaba a sus tres hijos, aquella chispa que se había encendido en la universidad siguió creciendo, y su deseo de ayudar a mujeres embarazadas y solas se hizo cada vez más fuerte, hasta que finalmente supo que había llegado el momento de actuar. Carissa puede decir la fecha exacta: fue el 21 de julio de 2010.

Hoy, convertida en una mujer de cuarenta años segura de sí misma y con una presencia imponente, Carissa ha logrado, en apenas tres años y con la ayuda de más de cien voluntarios, hacer realidad El Nido del Gorrión: una casa de 340 metros cuadrados, en un terreno de media hectárea, pensada para acoger cada año a entre veinticinco y treinta madres con sus hijos. El equipo incluye dos tutores residentes, dos tutores de relevo, un responsable de casos, una consejera familiar, una administradora y la propia Carissa como directora ejecutiva.

La mujer que concibió, financió, aseguró y transformó El Nido del Gorrión es una de las líderes más impresionantes que he conocido en mi vida. Y, aun así, sería la primera en reconocer que pocos, al conocer a la niña de cuatro años o a la adolescente de dieciocho que fue, habrían podido imaginar su futuro

Así que, si después de leer este libro piensas: «Ya es demasiado tarde para marcar una diferencia real», piensa en Carissa.

Empieza cuando sea. Empieza donde estés. Empieza ahora.

Empieza poco a poco. Empieza a lo grande. Empieza temprano. Empieza más tarde.

¿Sabes qué? Solo hay un lugar desde el que puedes empezar a liderar: el lugar en el que estás ahora mismo.

Alycia, Pearl, Thomas y Carissa tienen algo en común: cada uno hizo lo correcto, lo que estaba a su alcance, frente a la situación que le tocó vivir para ayudar a otros a alcanzar un objetivo común.

¿Puedes hacer lo mismo?

Si la respuesta es sí, solo tengo una petición: levanta la cabeza, mira a tu alrededor y empieza.

Ahora.

Ahora es tu turno

Aquí tienes un resumen de lo que hemos aprendido en este capítulo. Dedica un momento a leer los puntos que siguen y reflexiona sobre su impacto en tu forma de liderar:

— Si has llegado hasta aquí, hay algo claro: quieres liderar.
— La única pregunta que queda es: ¿cuál es la mejor manera de empezar?
— Puedes empezar poco a poco, como Alycia, que consiguió un gran puesto empezando por recoger las tazas y ordenar la sala.
— Puedes empezar a lo grande, como Pearl, que ayudó a tender puentes entre comunidades enfrentadas en Irlanda del Norte.
— Puedes empezar temprano, como Thomas, que a los nueve años comenzó a recaudar dinero para enviar zapatos a huérfanos en Rusia.
— O puedes empezar más tarde, como Carissa, que tras darle un giro a su vida se dedicó a ayudar a madres solteras a criar a sus hijos en un entorno seguro.
— La verdad es que solo puedes empezar a liderar desde un lugar: donde estás, ahora, hoy.

Sobre el autor

Les McKeown es presidente y director ejecutivo de Predictable Success. Ha fundado más de cuarenta empresas y fue socio fundador de una consultora de incubación que asesoró en la creación y el crecimiento de cientos de organizaciones en todo el mundo. Desde que se trasladó de su Irlanda natal a Estados Unidos en 1998, Les ha asesorado a directores generales y altos cargos en liderazgo personal y en cómo lograr un crecimiento sostenible y escalable. Entre sus clientes se cuentan desde grandes empresas familiares hasta compañías de la lista Fortune 100, como Microsoft, la Universidad Harvard, American Express y T-Mobile.

Con base en Washington D. C., dedica su tiempo a la consultoría, la escritura, la docencia y las conferencias. Ha participado como invitado en medios como CNN, ABC, la BBC, *USA Today* y *The New York Times*. Es autor de los libros *Predictable Success* (2010), *The Synergist* (2012) y *Do Scale: A road map to growing a remarkable company* (Do Books, 2019).

Puedes conocer más sobre su trabajo en predictable-success.com y complementar la lectura de este libro con recursos adicionales (en inglés) que el autor brinda en su sitio web DoLeadBook.com. Recomendamos especialmente el test original del autor (conocido en inglés como «Natural Leadership Style test»), una herramienta valiosa para explorar el perfil natural de liderazgo de cada persona.

Agradecimientos

Este libro no habría sido posible sin la visión de David y Clare Hieatt, cofundadores de The DO Lectures, y el incansable trabajo de Miranda West, editora de Do Books.

Si quieres descubrir historias cotidianas de liderazgo en acción, la esencia misma de este libro, visita thedolectures.com.

Índice analítico

Libros en esta colección

Pausa
Robert Poynton

Storytelling
Bobette Buster

Diseña
Alan Moore

Respira
Michael Townsend Williams

Tierra
Tamsin Omond

Vuela
Gavin Strange

Propósito
David Hieatt

Construye valor
Alan Moore

Camina
Libby DeLana

Improvisa
Robert Poynton

Encuentra tu voz
Mark Shayler

Emprender
Dan Kieran

Newsletters
David Hieatt

Medita
Jillian Lavender

Lidera
Les McKeown